교실을 교실답게

경쟁보다 **공존**을
교육의 핵심은 **창의성**
학력만큼 **인성**을
행정보다 **철학**을

경쟁보다 공존을 교육의 핵심은 창의성 학력만큼 인성을 행정보다 철학을경쟁보다 공존을 교육의 핵심은 창의성 학력만큼 인성을 행정보다 철학을경쟁보다 공존을 교육의 핵심은 창의성 학력만큼 인성을 행정보다 철학을경쟁보다 공존을 교육의 핵심은 창의성 학력만큼 인성을 행정보다 철학을경쟁보다 공존을 교육의 핵심은 창의성 학력만큼 인성을 행정보다 철학을경쟁보다 공존을 교육의

교실을 교실답게

김한수 지음

비타베아타

추천의 말

김경수 위원장 (現 대통령 직속 지방시대위원회 위원장)

권력의 가장 가까운 곳에 있었으면서도, 깐깐하리만큼 원칙을 지키며 '부탁하지 않는 삶'을 살아온 김한수 교수님. '털어도 나오는 건 진정성뿐'이라는 그의 고백은 단순한 수사가 아니라 몸으로 써 내려간 이력서입니다. 확고한 교육철학으로 잠든 대전 교육을 깨우겠다는 그의 외침이 큰 울림을 줍니다. 이 책에 담긴 '교실을 교실답게' 만들겠다는 그의 절절하고 뜨거운 진심을 꼭 만나보시길 권합니다.

강득구 국회의원

김한수 전 부총장님은 제 후원회장을 맡아주셨을 만큼, 제가 인간적으로 깊이 신뢰하고 존경하는 평생의 동지입니다. 곁에서 지켜본 그는 원칙 앞에서는 대쪽 같고, 아이들 앞에서는 한없이 따뜻한 '진짜 교육자'입니다. 교육의 기본을 바로 세우고 아이들이 가장 행복한 학교를 만들겠다는 그의 진심이 꽉 막힌 대전 교육을 풀어낼 '신의 한 수'가 되리라 확신합니다.

고민정 국회의원 (現 국회 교육위원회 더불어민주당 간사)
무너진 교실과 아이들의 잃어버린 웃음을 되찾으려면 무엇이 필요할까요? 김한수 전 부총장님은 '인성'이라는 뿌리를 먼저 세워야 한다고 단호히 말합니다. 체육학자로서 체득한 '몸과 마음의 균형'을 통해 경쟁에 지친 아이들을 다시 일으켜 세우겠다는 그의 진심이 묵직하게 다가옵니다. 단 한 명의 아이도 포기하지 않고 안전하고 행복한 '교실다운 교실'을 아이들에게 돌려주겠다는 약속에서 대전 교육의 따뜻한 봄날을 기대합니다.

윤건영 국회의원 (現 국회 행정안전위원회 더불어민주당 간사)
교육을 걱정하는 목소리가 높습니다. 그러나 정작 우리 아이들을 위한 구체적이고 실질적인 해법은 드뭅니다. 김한수 전 부총장님의 이 책이 더욱 반갑고 각별한 이유입니다. 성적과 서열의 벽을 넘어 아이들 각자의 '가능성의 스위치'를 켜겠다는 그의 비전에서 대전 교육의 새로운 희망을 봅니다. 교육의 참된 본질과 혁신적 해법을 갈구하는 학부모와 시민 여러분께 부총장님의 오랜 통찰이 담긴 이 책을 자신 있게 권합니다.

또다시 길 위에 서다

"문재인 대통령의 동서"

참 끈질기게도 나에게 달라붙는 수식어다. 나는 그분과 스물여덟 살 때부터 인연을 맺었다. 첫 인연을 맺을 때만 해도 몰랐다. 그저 손윗동서 손아랫동서 간으로 평생을 지낼 줄 알았다. 누가 보면 친한 동서지간으로만 생각할 줄 알았다. 그런데 내 일상의 행동 하나하나를 신경 써야 하는 관계가 될 줄이야. 주변 시선 때문에 몸을 사리고 또 사려야 했다.

나는 문 대통령을 존경한다. 동서지간으로 좋아하는 마음을 넘어선 감정이다. 그분이 평생 일궈온 삶의 원칙, 국가와 국민을 위해 헌신한 삶을 바로 곁에서 지켜봤다. 그 세월은 마냥 행복하지도, 고상하지도 않았다. 때로는 모든 것을 내놓아야 했다. 어디 그뿐인가. 단지 국민을 위한 삶을 산다는 이유로 온갖 모욕을 당하기도 했다. 퇴임 후에 평산마을에서 있었던 일들은 일부에 지나지 않는다. 그런 분과 형님, 아우님 하며 살았다. 답답할 정도로 원칙을 지키는 그분과 평생 함께하며 지내왔다.

나와는 성격이 사뭇 다른 문 대통령이었지만, 내가 좋아할 수밖에 없는 그릇을 품은 분이다. 문 대통령은 깐깐하고 말이 별로 없었다. 반면에 나는 원칙은 지키되 융통성이 있는 편이었다. 그저 서로 다른 인생을 살아온 이들이 가족으로 만났을 뿐이다. 그 만남이 이후 내 삶에 어떤 영향을 미칠지는 그리 깊이 생각하지 않았다.

그분이 국가를 위해 일을 할 때부터 나와 가족들은 하나의 원칙을 지키며 살았다. 그분께 뭔가 도움을 받으려고 하기는커녕 폐를 끼치지 말아야 한다는 마음가짐이다. 그 마음은 지금도 변함이 없다. 이번에 출마를 결심한 뒤였다. 나를 대전 시민들에게 알리기 위해 현수막을 내거는데, '손해만 보는 문재인 대통령의 동서'라는 글귀를 넣자는 제안이 있었다. 이 문구 하나를 넣자는데, 마음이 불편했다. 나는 선거를 한다는 이유로 아내와 아이를 비롯해 가족 친척 그 누구도 내세우고 싶지 않다. 더군다나 대통령까지 지낸 동서를 끌어들인다는 것은 영 마음에 들지 않았다.

나는 그 결정에 반대했다. 그러자 주위에서는 성화였다. 어떻게 해서든지 인지도를 높여야 하는데 무슨 소리를 하는 거냐고 말이다. 물론 선거 전략으로는 맞는 판단이었다. 고민을 거듭하다가 결국 전략에 따라 문구를 넣기로 했다. 그랬더니 여기저기서 온갖 이야기가 나왔다. 대통령의 동서라면 각종 혜택을 다 누리고 살았을 텐데, 무슨 손해를 봤느냐고 비아냥거리는 사람도 있었다.

반면에 나의 지인들은 딱 맞는 이야기라고 했다. 평생 곁에서 나를 봤기 때문이다. 문 대통령이 참여정부 민정수석을 할 때부터 지금까지 나는 그분의 동서라는 이유로 움츠려 있었다. 나는 기세등등하게 권력의 잔향에 취할 마음도 없었을 뿐더러 혹시라도 폐를 끼칠까 봐 고개를 숙이고 마음을 다잡으며 살았다.

그런데 지금 와서 왜 문재인 대통령 이야기를 꺼내는 걸까? 내 이름을 알리기 위해서다. 조금이라도 더 내 이름을 알려 대전 교육에 이바지하고 싶은 마음이다. 그 이유 하나다. 잠든 대전 교육을 깨워 아이, 학부모, 교사가 모두 행복해지는 교육계를 만들어야 한다는 소망 때문이다.

지금 교육은 어떤가. 교권은 무너진 지 오래다. 아이들은 지옥 같은 입시 경쟁으로 인성이 망가지고 있다. 부모들은 '교육 서비스'라는 말로 교육 현실을 바라본다. 즉 교사와의 관계를 고객 입장으로 바라본다. 이런 상황과 관계에서 상호 존중이 있을 수 없다. 존중이 없으니 교육 현장은 삭막하고 살벌한 경쟁과 우열만 따지는 곳이 되고 말았다. 이런 나라에 밝은 미래가 있을까?

더구나 교육계는 이러한 파국적인 교육 현장에 눈과 귀를 닫았다. 그저 행정만 집행하는 데 급급할 뿐이다. 참혹한 현실을 뜯어고치는 일에는 너무나 몸을 사린다. 이런 교육 현실을 만들어낸 장본인이 바로 우리 기성세대다. 더는 이러한 현실을 두고만 볼 수 없다. 지금이 골든타임이다. 어쩌면 지역의 교육공동체를 살리고, 대한민국의 교육 개혁을 이룰 수 있는 마지막 기회일지도 모른다.

사실 나는 대학에서 입학처장 할 때부터 교육감 출마 권유를 현장에서 많이 받았다. 내가 듣기 좋으라고 한 말일 수도 있겠지만 많은 교육계 인사가 심각한 표정으로 말을 꺼냈다. 특히 교장 선생님을 비롯한 현장 관계자들이 교육의 현실과 현장을 잘 이해하면서 어떻게 개선해야 할지 잘 알기에 내가 적임자라고 했다. 게다가 오랫동안 지켜보니 내가 권력이나 명예에 대한 욕심도 없는 성향이라는 것도 한몫했던 것 같다. 그러니 청렴하고 겸손하게 원칙을 지켜가며 대전 교육의 난제를 풀어가지 않을까 하는 기대를 내보였다.

나는 이런 권유를 들을 때마다 손사래를 쳤다. 선거나 소위 말하는 관직에 관심이 없었기도 했지만, 이 또한 문 대통령께 또 다른 폐를 끼칠지도 걱정이었다. 그런데 이상하게도 내가 거절하면 할수록 출마 권유는 거세졌고, 지역에서 사람들의 입에 오르기 시작했다. 생각하면 할수록 이상한 일이었다. 본인이 싫다는데 어째 소문은 더 퍼지는 건지 알 수 없었다. 그만큼 현재 대전 교육에 대한 실망이 큰 게 아닐까 싶었다. 그리고 평생 절제와 겸손으로 살아오며 쌓았던 신뢰가 그분들에게 어떤 기대를 품게 했을지도 모르겠다.

나 또한 대전을 비롯해 우리나라 교육을 바라보며 문제의식을 갖고 있었다. 이런저런 문제가 터질 때뿐만 아니다. 우리 교육은 흔히 말하는 말기 암 증상과 다를 게 없다. 이러다가 아이들과 국가의 미래가 어떻게 될지 두렵다. 아니 미래까지 떠올리지 않아도 현재가 너무 암울하다. 이 아이들을 보고 있으면 죄책감에 깊은 한숨이 나온다. 우리 세대는 진정으로 뼈저리게 반성해야 한다. 이 모든 잘못은 아이들의 몫이 아니다. 바로 우리의 몫이다.

대전과 대한민국 교육의 미래는 이러한 우리의 반성으로부터 시작해야 한다. 교육과 관련한 일조차도 권력욕이나 명예욕으로 바라보지 않아야 한다. 교육이 아이들의 인생을,

국가의 운명을 결정짓는 근본이라는 것을 다시 일깨워야 한다. 이제는 권력보다 아이를, 명예보다 교육을 선택할 때다. 바로 이러한 이유로 나는 다시 길 위에 서서 사람들을 만나고, 교육을 이야기하고, 아이들을 바라보며 보듬으려 한다.

2026년 1월
김한수

차례

1부

털어도 나오는 건
진정성뿐이다

1장

권력 말고 원칙을 선택하다

권력의 그림자 속에서 지킨 삶

선거 캠프에서 첫 홍보용 이미지를 꺼내 들던 날, 나는 거의 반사적으로 이렇게 말했다. 웹자보에는 내가 문재인 대통령의 동서라는 것이 선명하게 드러나는 내용과 문구가 담겨 있었다. 그래서 나는 웹자보 게시를 반대했다. 그러자 캠프 사람들은 이해할 수 없다는 표정을 지었다. 그들은 선거는 결국 이름 알리기 싸움인데, 문재인 대통령의 동서라는 사실을 전면에 내세우면 얼마나 큰 도움이 되겠냐고 나를 설득하려 했다. 더군다나 이렇게 좋은 '자산'을 왜 안 쓰냐고 되묻기도 했다. 그러나 내게 그 이름은 전략이 아니라 넘지 말아야 할 선이었다.

나는 내 인생 어디에서도 그분의 이름을 앞세워 내 자리를 얻은 적이 없다. 학교에서도, 사회에서도 마찬가지다. 스스로 그분의 동서라는 것을 드러낸 적도 없다. 심지어 지금 살고 있는 아파트 같은 동에 사는 이웃들 대부분은 아직도 내가 대통령의 동서라는 사실을 모른다. 일부러 숨긴다기보다 굳이 말할 이유가 없었을 뿐이다. 나를 설명할 때 '누구의 동서인가'보다는 '어떤 삶을 살아왔는가'가 훨씬 중요하다고 믿어왔기 때문이다.

겉으로 보기에는 화려한 인맥처럼 보일지 몰라도 최고 권력자의 '가족'이라는 타이틀은 꽃방석이 아니라 오히려 가시방석에 가깝다. 누군가는 권력을 등에 업으면 세상이 훨씬 편해질 거라고 생각한다. 하지만 실제로는 걸음걸이 하나, 말 한마디조차 더 조심해야 하는 삶이 시작된다. 원래도 절제와 겸손을 삶의 원칙으로 삼으며 살아왔지만, 대통령의 동서라는 꼬리표가 붙은 뒤로는 그 기준이 한층 더 엄격해질 수밖에 없었다.

문재인의 동서라서 손해본 인생

사람들은 나를 두고 종종 '참 깐깐한 사람'이라고 말한다. 하지만 나는 스스로를 깐깐한 사람이라고 생각해본 적이 없다. 오히려 사람을 좋아하고, 웬만하면 웃으며 넘기려 하는 편이다. 다만 내가 서 있는 자리가 나를 그렇게 만들었을 뿐이다. 대통령과 연결된 사람이라는 이유만으로 내가 하는 말과 행동 하나하나가 확대되고 왜곡될 수 있는 자리에서는 둥글둥글한 태도로만 살아갈 수는 없었다.

문재인 대통령은 원래 원칙이 강한 사람이다. 참여정부 시절 민정수석이었을 때부터는 그 기준을 더 강하게 내세웠다. 한 번 세우면 절대로 물러서지 않는 분이었다. 그러니 대통령이 됐을 때는 어떠했겠는가. 문재인 대통령이 당선된 뒤 처음 청와대에 들어갔을 때였다. 나는 축하 인사나 덕담이 오갈 것으로 생각했다. 그러나 그 자리에서 가장 먼저 들은 말은 이것이었다.

"권력 인사에 간여하지 마십시오. 청탁은 어떤 경우에도 들어주지 마세요."

그 말은 내가 앞으로 지낼 삶 전체를 관통하는 기준이

되었다. 솔직히 말하면, '하라고 해도 안 합니다'라는 생각이 먼저 들었다. 하지만 그 한마디가 내 행동반경을 더 좁히고, 더욱 엄격한 자기 검열을 요구하는 경계선이 되었다. 그때부터 나는 내 삶을 스스로 더 강하게 옥죄기 시작했다.

문재인 대통령 당선 직후, 나는 25년 동안 쓰던 휴대전화 번호를 과감히 버렸다. 동서가 대선에 나섰을 때, 나도 전국을 다니며 선거운동을 했다. 그 과정에서 내 명함이 수없이 뿌려졌다. 내 전화번호가 그대로 노출될 수밖에 없었다. 그리고 동서가 대통령에 당선되자, 숨 돌릴 틈도 없이 각종 청탁 전화가 쏟아졌다. 채용부터 인사, 사업 청탁, 인허가 등 등 내가 전혀 손댈 수 없는 문제들에 대해 "한 번만 힘을 써달라"는 부탁이 이어졌다. 나는 그 고리를 끊기 위해 번호를 바꿨다. 그 뒤로는 학교 연구실 문 앞에서 이력서를 들고 나를 기다리는 사람들이 나타났다.

물론 인지상정으로는 이해가 갔다. 그러나 나는 출근하면 연구실 문을 안에서 잠갔다. 정말 공무적으로 내가 필요하면 공식 연락망으로 연락이 올 테니 사적인 부탁이 들어올 여지를 사전에 차단해 버렸다. 그저 대통령 친인척의 도리를 다해야 한다는 생각뿐이었다. 그렇게 스스로를 설득하며 거의 5년 가까운 시간 동안 문을 걸어 잠근 채 지냈다. 출근하자마자 문을 닫고, 복도 발걸음 소리에도 신경을 곤

두세우며, 속으로는 미안함과 안도감을 동시에 느끼는 날들
이 이어졌다.

　마음속 괴로움을 홀로 달래야 할 일은 많았다. 대선 당
시 동서의 지지율이 낮은 험지에서 밤낮으로 뛰던 한 지인
이 있었다. 나는 그분의 역량과 성품을 누구보다 잘 알고 있
었다. 웬만한 기관의 장으로 세워도 손색이 없는 분이었다.
그러나 동서의 대통령 당선 이후에 나는 누구에게도 그 이
름을 추천하지 않았다. 대통령과의 관계를 이용해 누군가에
게 자리를 만들어주는 순간, 내가 평생 지키고자 했던 선이
무너질 거라는 걸 알고 있었기 때문이다. 지금도 그분을 보
면 마음 한쪽이 쓰리다. 그럼에도 그는 여전히 나를 응원해
주고, 내가 선거에 나선다고 하니 시간을 내어 돕겠다고 한
다. 미안하고도 고마운 사람이다.

　선거를 도운 또 다른 지인은 아들을 데리고 나를 찾아왔
다. 더군다나 그분의 아들은 내 제자였다. 그분은 선거 기간
내내 누구보다 열심히 운동했다. 마음이 안쓰러울 수밖에 없
었다. 그럼에도 나는 원칙을 이유로 부탁을 거절할 수밖에
없었다. 그날 이후 나는 그 지인이 있는 자리를 일부러 피했
다. 미안함 때문에 얼굴을 마주할 자신이 없었기 때문이다.

　권력의 그림자는 일상에서도 나를 따라다녔다. 동서가
대통령이 된 뒤로는 큰 홀이 있는 식당에서 밥 먹는 일이 몹

시 불편해졌다. 식당의 TV에서 대통령 뉴스가 나오면, 누군가는 노골적으로 욕을 했고, 누군가는 대놓고 비아냥거렸다. 그 자리에서 뭐라고 한마디라도 하면 곧바로 "대통령 동서가 난동을 부렸다"는 뉴스가 될 것이 뻔했다. 그렇다고 웃으며 맞장구를 칠 수도 없는 노릇이었다. 밥 한 끼 먹는 일조차 마음 편히 할 수 없는 날들이 이어졌다. 그래서 가능하면 조용한 곳을 골라 다녔고, 집에서 밥을 먹는 날이 훨씬 많아졌다.

선물 문제도 마찬가지였다. 누군가 상자를 들고 오면, 나는 습관처럼 먼저 긴장했다. 참석한 사람들 앞에서 "실례지만, 지금 바로 열어봐도 괜찮겠습니까?"라고 양해를 구하고 그 자리에서 상자를 열었다. 수건 한 장, 볼펜 세트처럼 사소한 물건이어도 가능한 한 받지 않으려 했다. 권력 주변에서는 작은 호의도 쉽게 오해와 의혹의 씨앗이 되기 때문이다. 이 모든 과정이 상대에게는 불편한 기억으로 남았을지 모르지만, 나는 그 불편함을 감수하는 편을 선택했다. 나중에 누군가 기록을 뒤져 보더라도 "이 사람은 선물 하나도 함부로 받지 않으려 했다"는 사실만은 남기를 바랐다.

이렇게 살아온 탓에 문 대통령이 임기를 마칠 무렵에 요즘 말로 '웃픈' 일도 있었다. 문 대통령이 친인척 관리를 담당하는 청와대의 한 간부를 불렀다고 한다. 대통령은 그 간부에게 임기 동안 친인척의 동향을 물었다. 그러자 그 간부가 한 대답이 재미있었다.

가족의 누군가가 대통령이 되자, 친인척들이 기다렸다는 듯이 쥐 죽은 듯 살아온 지난 세월을 압축한 표현이었다. 섭섭함과 억울함보다는 그 말 한마디가 그동안의 선택이 틀리지 않았다는 조용한 확인처럼 느껴졌다.

원칙은 다음 세대를 위한 약속

나는 평생 교육자의 길을 걸어왔다. 그래서 내게 '원칙'이라는 단어는 단지 개인적 도덕규범이 아니다. 다음 세대에게 어떤 사회를 남길 것인가에 대한 약속과 연결된다. 아이들에게 정직과 책임을 가르치려면, 어른의 삶이 먼저 그 기준을 증명해야 한다고 믿는다. 나는 강단에서 학생들을 바라보고 있으면, 자주 미안한 마음이 들었다. 그래서 수업 중에 이렇게 말하곤 했다.

내가 대학에 다니던 시절에는 지금처럼 취업이 어렵지 않았다. 성실히 공부하고 졸업하면 웬만해서는 일자리를 구할 수 있었다. 그러나 지금 청년들은 어렵게 대학을 나와도 정규직 문턱을 넘기가 너무 힘들다. 비정규직으로 전전하거나, 스펙을 더 쌓기 위해 또다시 시험 준비에 매달리기도 한다. 이런 현실에서 청년들이 편법을 찾고 단기적인 이익에 매달리는 것을 그저 '요즘 애들 문제'로만 돌릴 수 있을까.

나는 그럴 수 없었다. 그래서 "나쁜 짓은 하지 말자, 정의로운 선택을 하자"라는 매우 단순한 말을 스스로에게 수도 없이 되뇌었다. 그러나 그 단순한 말을 실제 삶에서 지키는 일은 절대 단순하지 않았다. 누군가의 부탁을 들어주면 인간적으로는 고맙다는 인사를 듣겠지만, 그 순간부터 나는 더 이상 아이들 앞에서 떳떳하게 말할 수 없을지도 모른다. "정직하게 살아라, 공정하게 행동해라"라는 말이 입에서 잘 나오지 않을 것 같았다. 그래서 나는 다소 손해를 보더라도, 오해를 감수하더라도, 원칙을 꺾지 않는 쪽을 선택해 왔다.

우리나라는 국내총생산(GDP) 세계 13위라는 이야기를 자주 한다. 그러나 정말로 13번째로 잘 사는 나라라고 말할 수 있을까. 숫자만 보면 훌륭하지만, 그 이면에는 극심한 양극화와 교육 격차, 사회적 박탈감이 도사리고 있다. 교실 안에서는 일부 아이들이 주인공이 되고, 나머지는 조용한 들러리가 된다. 성적이 낮다는 이유로, 집이 가난하다는 이유로 처음부터 '포기된 아이들'처럼 취급받는 경우도 있다. 이런 세대의 불행을 두고 나는 더욱 언행을 조심하고 행실에 신경 쓰며 내 쓰임새를 고민해야만 했다.

나는 이 현실 앞에서 교육감 선거 출마를 일종의 속죄처럼 받아들였다. 우리가 만든 사회 구조 속에서 아이들이 고통받고 있다면, 그 책임은 기성세대가 져야 한다. 최소한 한 번은 우리가 만든 문제를 우리가 해결해 보려고 나서야 한다고 생각했다. 그래서 나는 출마를 결심하면서 스스로에게 또 한 번 다짐했다.

"원칙을 지키는 일은 나 하나의 도덕성 문제가 아니다. 다음 세대에게 어떤 기준을 남길 것인가에 대한 약속이다."

지금 교실에는 여전히 아무도 눈여겨보지 않는 아이들이 있다. 성적이 좋지 않다는 이유로 '머리가 나쁘다'는 낙인 속에서 스스로를 포기해 버린 아이들이다. 그러나 교육자로서 오랜 시간을 보내며 깨달은 것은 단순하다. 정말로 '머리가 나빠서' 안 되는 아이는 거의 없다는 것이다. 기회가 없고, 적절한 지지와 격려를 받지 못했기 때문에 스스로 가능성을 의심하게 된 것뿐이다. 그래서 나는 아이들을 향해 이렇게 말해주고 싶다.

"네가 지금 어디에 있든 어떤 점수를 받았든, 너는 여전히 가능성의 존재다."

그러려면 어른들이 먼저 약속을 지켜야 한다. 청탁을 거절하고, 편법을 쓰지 않고, 불편하더라도 돌아가는 길을 택하는 어른들이 많아질 때, 아이들은 비로소 '정직하게 살아도 되는 사회'를 믿게 된다. 정치와 행정, 교육에 대한 신뢰는 선거철 구호나 멋진 홍보물에서 나오는 것이 아니다. 한 사람의 인생 전체에서 꾸준히 보여준 태도에서 비롯된다.

나는 완벽한 사람이 아니다. 때로는 억울하고, 서운하고, 인간적으로 지치기도 했다. "대통령 동서로 산다는 게 이렇게 힘든 건가"라는 푸념이 목 끝까지 올라온 적도 있다. 그러나 그럴 때마다 나는 스스로에게 물었다. "아이들 앞에서 부끄럽지 않은가?" 하는 질문이다. 그 질문을 통과하고 나면, 선택은 늘 한 방향이었다. 원칙을 지키는 쪽, 다소 손해를 보더라도 정의로운 쪽이었다.

앞으로도 나는 이런 태도를 바꿀 생각이 없다. 누군가에게는 답답하고 고지식해 보일지 모르지만, 교육은 말로만 가르치는 것이 아니라 삶으로 보여주는 일이다. 내가 돌아가고, 참고, 때로는 고립을 감수하면서도 지키려 했던 원칙들이 언젠가 아이들에게 이렇게 기억되기를 바란다.

"그래도 저 사람은 끝까지 자기 기준을 지키려고 했던 사람이었다."

그 한마디면 충분하다. 나는 그런 마음으로 오늘도 조용히 그러나 단단하게 내 길을 걷고 있다.

왜 나는 늘 안 된다고 말해야 했나

살면서 가장 어려운 말이 무엇인지 묻는다면, 나는 주저 없이 "안 됩니다"라는 문장을 꼽을 것이다. 거절은 단순한 부정이 아니라 관계를 흔드는 진동이고, 때로는 상대의 기대를 무너뜨리는 행위이기도 하다. 그러나 대통령의 동서로 살아온 지난 세월 동안, 나는 그 어려운 말을 숱하게 해야 했다.

부탁을 거절한 것은 나 자신을 지키기 위한 최소한의 방어막이었다. 누군가는 나를 냉정하다며 비판했고, 누군가는 "그 자리에 있으면서도 왜 아무것도 안 해주느냐"라고 섭섭함을 드러냈다.

하지만 내가 바라본 세상은 그들과 달랐다. 한 번 편의를 봐주면 그다음 요구는 더 커지고, 기대는 더 깊어지고, '선의'라는 이름 아래 관계는 쉽게 무너질 수 있다는 것을 나는 너무 잘 알고 있었다. 거절은 그들을 향한 벽이 아니라 나를 지키기 위한 최소한의 울타리였다.

부탁하지 않는 삶의 역설

내가 대통령의 동서라는 이유로 어처구니없는 일을 당한 경우는 한두 번이 아니다. 예전에 배재대학교 부총장으로 재직할 때였다. 당시 그 학교에는 3년 동안 책임시수, 즉 최소 주당 강의 시수를 이행하지 않은 교수가 있었다. 학교는 그 교수에게 여러 차례 기회를 줬다. 하지만 끝내 그 교수는 책임을 이행하지 않았다. 결국 학교는 인사위원회를 열어 파면을 결정했다.

당시 나는 인사위원회 구성원도 아닌 데다가 파면 결정 과정에도 전혀 관여하지 않았다. 그러나 이상하게도 그 결론은 내 이름과 연결되었다. 그 교수는 문재인 정부 비판 칼럼을 자주 쓰던 사람이었고, 파면 소식이 알려지자마자 몇몇 언론은 황당한 해석을 덧씌웠다.

"대통령 동서가 반(反)문 인사를 제거했다."

단 한 줄짜리 기사였다. 그 한 줄이 의혹을 기정사실로 둔갑시켰다. 사실 인사위원회의 결정이 났을 때, 총장님이 따로 나에게 그 결과를 알려줬다. 혹시 이런 결과가 나에게 또 다른 오해를 주게 될지 모른다는 우려 때문이었다. 우려했던 상황이 실제로 벌어지고 말았다.

진실은 기사만큼 빠르게 전달되지 못한다. 아무리 사실을 말해도 사람들은 이미 보도된 이야기를 더 쉽게 믿는다. 가짜 연결고리가 진실보다 매력적으로 보일 때조차 있다. 나는 그때 깨달았다. 권력의 그림자는 실제보다 더 크게 흔들리고, 그 그림자에 내 삶도 종종 함께 흔들린다는 사실 말이다.

동서가 대통령이 된 이후에 나를 바라보는 사람들은 두 부류로 나뉘었다. 내가 '힘 있는 사람'이라고 오해하는 사람과 '왜 힘을 쓰지 않느냐'라고 불평하는 사람이었다. 둘 다 나를 곤혹스럽게 만드는 시선이었다. 당연히 이런 시선들은 사실과는 거리가 멀었다. 특히 동서의 선거를 도와준 사람들이 나를 가장 난감하게 만들었다. 선거가 끝난 뒤 "우리가 도왔는데 왜 챙겨주지 않느냐"라고 그들이 섭섭함을 토로할 때마다 마음이 무거웠다.

나는 그들에게 설명할 수 없었다. 누군가를 챙기기 시작하면, 그다음에는 '더 많은 누군가'를 챙겨야 한다는 것을 일일이 설득할 수 없었다. 선의로 시작한 일이 관계를 왜곡시키고, 결국 모두를 불편하게 만드는 장면을 숱하게 봤기 때문이다.

"은혜는 기억되지만, 베풀지 않은 은혜만큼 오래 남는 섭섭함도 없다"라는 말이 있다. 정말 그랬다. 내가 하지 않은 일에서 오히려 더 큰 감정이 생겼다. 하지만 나는 이런 섭섭함을 감수하더라도 넘지 말아야 할 선이 분명히 있다고 믿었다. 나는 그 청탁을 처리할 수 있는 위치에 있지 않았지만 부탁을 들어주는 순간, 나는 공적 기준 대신 사적 관계를 기준으로 움직이는 사람이 되고 만다. 그 선을 지키려다 보니 자연스레 사람들의 기대에서 멀어졌다. 관계가 줄어들고, 어깨는 가벼워졌다. 그러나 마음은 한층 더 외로워졌다.

이번 교육감 선거를 준비하면서 이 문제는 또 하나의 난관이 되었다. 사람들에게 전화를 걸어 "도와주십시오"라는 말을 해야 했지만, 그 말이 입 밖으로 잘 나오지 않았다. 평생 '부탁하지 않는 방식'으로 살아왔는데, 이제는 '부탁해야만 하는 자리'에 있는 것이다. 이 모순은 어쩌면 내가 감당해야 할 또 다른 시험인지도 모른다.

털어도 나올 것이 없다

사람들은 종종 내게 "털려도 나온 게 없다니 다행입니다"라고 말한다. 그러나 나는 그 말을 들을 때마다 미묘한 감정을 느낀다. 문제의 소지가 없도록 잘 처리했기 때문에 나올 게 없었던 것이 아니다. 애초에 조심할 수밖에 없는 삶을 오래 살아왔기 때문에 아예 문제의 소지가 없었던 것이다. 그 차이는 작아 보이지만, 실제로는 전혀 다르다.

대통령의 동서라는 위치는 많은 것을 바꾸어 놓았다. 사소한 실수 하나도 큰 사건으로 번질 수 있다는 긴장감은 내 일상을 완전히 바꾸었다. 어느 순간부터 나는 행동 하나하나를 두 번 점검하며 살았다. 음주 운전은 물론이거니와 주차 문제, 말 한마디까지도 경계해야 했다. 작은 파문이 큰 파도로 번지는 구조를 너무 잘 알고 있었기 때문이다.

가끔 누군가가 나에게 권력을 누릴 수도 있지 않느냐고 건네는 말은 바람과도 같다. 그러나 내가 지켜야 할 원칙은 무거운 바윗덩어리다. 바람처럼 흔들리는 여론보다 바위처럼 남아야 할 기준이 있다는 뜻이다. 그 기준을 지키려면, 때로는 억울함도 침묵으로 견뎌야 한다.

그래서 나는 누군가가 선거를 도우며 마음을 쏟았더라도 그 대가를 공적인 영역에서 보상할 수 없었다. 아무리 친한 지인이 찾아와 부탁을 전했을 때도, 내심 마음이 쓰렸지만 결국 고개를 저을 수밖에 없었다. 아마 그는 이해하지 못했을 것이다. 그러나 그 거절은 냉정한 결단이 아니라 관계를 지키기 위해 택한 방식이었다.

이런 삶의 방식은 스스로에게도 불편함을 가져왔다. 인간관계는 두터워지기보다 오히려 얇아졌다. 그러나 그 얇은 관계 위에 최소한의 단단함이라도 남기고 싶었다. 그것이 후회 없는 선택이라고 믿었기 때문이다.

사람들은 "털어도 나온 게 없다"는 말에 가볍게 웃지만, 나는 그 문장을 나의 인내가 깃든 하루하루가 모여 만든 결정체로 받아들인다. 그 말 속에는 내가 열지 않은 문들, 넘지 않은 선들, 감당한 오해들이 모두 담겨 있다. 그리고 그 결론은 앞으로의 삶에도 같은 방식으로 이어질 것이다. 선거든 행정이든 교육이든, 나는 어떤 자리에 있어도 같은 선택을 할 것이다. 지켜야 할 선은 분명하며, 그 선을 넘지 않는 것이 결국 나를 지키는 길이기 때문이다.

사람들은 나에게 종종 "왜 그렇게 깐깐하게 사느냐"고 묻는다. 나는 사실 깐깐한 사람이 아니다. 누군가와 차 한 잔을 나누며 웃고 떠드는 걸 좋아하고, 웬만한 일은 너그럽게 넘어가는 편이다. 그런데 어느 순간부터 사람들은 나를 '원칙주의자', '융통성 없는 사람'으로 보기 시작했다.

나는 그 평가가 내 성격 때문이 아니라 내가 처했던 자리와 지켜야 했던 태도 때문이라는 것을 뒤늦게 이해했다. 대통령의 동서라는 이름은 나를 어딘가에 꽁꽁 묶어 버렸고, 말과 행동을 극도로 절제하게 했다. 그렇게 조심하며 버틴 시간은 길었고, 그 과정에서 나는 자연스럽게 '깐깐한 사람'

이라는 외피를 두르게 되었다. 하지만 시간이 지나 사람들을 다시 만나 보면, 신기하게도 그 깐깐함이 어느 순간 '신뢰'로 바뀌어 있었다. 말은 금세 잊힌다. 하지만 태도는 남아 사람의 인생을 결정한다. 나는 이 사실을 나는 그 조심스러운 세월을 통해 비로소 이해하게 되었다.

장모님 생신 자리의 침묵과 신뢰

문재인 대통령의 원칙주의는 많은 이들이 알고 있다. 가까이에서 보면 그 원칙은 더욱 냉정하고 철저하다. 문 대통령이 참여정부 민정수석을 할 때였다. 당시 장모님 생신 자리에서 있었던 일은 지금도 잊히지 않는다. 미국에서 학위를 마치고 돌아온 처남이 국내에서 자리를 잡지 못해 어렵던 시절이었다. 장모님은 식사 중 조심스레 말씀을 꺼내셨다. "문서방, 애 좀 어디 데려다 써볼 수 없겠나?"

가족끼리 모인 자리였고, 부탁이라 해도 웃으며 넘어갈 수도 있는 상황이었다. 그러나 동서의 표정은 굳어졌다. 그는 그 말에 어떤 가벼운 대답조차 하지 않았다. "한번 생각해 보겠습니다"라는 통상적인 말조차 입 밖에 내지 않았다. 나는 그 장면을 보면서 원칙의 무게를 처음 실감했다. 가족의 애정이 담긴 부탁 앞에서도 단 한마디의 빈말조차 하지 않는 태도를 지켰다. 그 침묵은 단절처럼 느껴졌지만, 시간이 지나고 나서야 그 침묵이야말로 우리 가족 모두를 지킨 울타리였음을 알게 되었다.

그 순간 나는 문득 독일 철학자 임마누엘 칸트의 말처럼 나와 타인에게 예외 없이 적용하는 원칙이어야 하는 정언명령을 떠올렸다. 원칙은 누군가에게만 적용될 때 무너지고, 가장 가까운 사람에게도 적용될 때 비로소 진짜가 된다.

문 대통령을 오랫동안 지켜보며, 나는 '가족과 원칙이 부딪칠 때 어떤 선택을 해야 하는가'라는 질문과 수없이 마주했다. 그리고 그 질문은 그대로 나에게도 넘어왔다. 교육자로 살아오며 많은 제자와 지인을 만났고, 때로는 누군가의 인생이 걸린 순간에 "도와달라"는 부탁을 받기도 했다. 하지만 대통령의 동서라는 위치는 작은 호의조차도 곧바로 정치적 의심으로 연결될 수 있었다. 그럴 때마다 나는 장모님 생신 자리에서 말없이 고개를 숙이던 문 대통령을 떠올렸다.

"지금 나에게도 똑같은 원칙을 적용할 수 있는가."

이 질문 앞에서 나는 매번 같은 대답을 선택했다. 침묵. 그리고 거절. 그것이 우리가 지켜야 할 울타리였다.

세속적 이익보다 자신의 원칙을 지키는 것이 인간의 품위다. 물론 원칙은 누구에게나 멋있어 보이지만, 실제로 적용하는 순간에는 잃는 것이 너무 많다. 가족이 서운해하기도 하고, 지인이 상처받기도 한다. 하지만 시간이 흐르면, 그 '잃어버린 것들'은 오히려 사람들에게 진심을 증명해 주는 근거가 된다. 장모님 생신 자리에서의 침묵 역시 시간이 흐르자, 우리 가족의 자부심이 되었듯이 말이다.

원칙의 삶을 사는 사람을 세우는 교육

문 대통령의 집에 가면, 늘 밤늦게까지 불이 켜져 있는 모습을 볼 수 있었다. 새벽 두세 시가 넘어도 서재의 불이 꺼지지 않고, 책과 자료를 붙들고 있는 모습은 더 이상 놀랄 일도 아니었다. 나는 그 꾸준함을 가까이에서 보며 원칙이라는 것이 거창한 선언이 아니라는 것을 새삼 깨닫는다. 원칙은 매일의 반복에서 나오고, 그 반복이 결국 신뢰를 만든다는 사실을 배웠다. 교육도 마찬가지였다. 아이들을 가르치는 일은 획기적 한 방으로 이루어지지 않는다. 꾸준한 노력, 작은 변화의 반복, 학생 한 명을 끝까지 기다려주는 인내가 쌓여야 비로소 '사람을 세우는 교육'이 된다.

그런 의미에서 나는 교육을 이야기할 때 늘 "교육은 자원을 만드는 일이 아니라 사람을 세우는 일"이라고 말한다. 사람을 자원처럼 취급하는 순간 교육은 효율성의 문제로 전락하고, 결국 많은 아이들이 '투자 대비 효과'로 평가받게 된다. 그러나 사람을 세우는 교육은 전혀 다른 곳에서 출발한다. 아이의 잠재력이 당장은 보이지 않아도 기다릴 줄 아는 것, 실패하더라도 그 실패를 격려로 받아들이는 것, 한 아이가 자기 속도로 성장하도록 여백을 주는 것이 사람을 세우는 교육이다.

이 점에서 나는 영화 〈굿 윌 헌팅〉의 한 장면을 떠올린다. 상담가 숀이 주인공 윌에게 말하던 대사다.

"네 잘못이 아니야(It's not your fault)."

그 말은 단순한 위로가 아니다. 있는 그대로 사람을 바라보고 인정해 주는 태도의 선언이었다. 교육 역시 그런 용기가 필요하다. 아이들을 성적으로 분류하고 이름표를 붙이는 대신, 그 아이가 가진 고유한 세계를 인정해 주는 태도가 교육의 본질이다.

원칙을 지키며 살다 보면 자연스럽게 사람을 잃기도 한다. 하지만 끝까지 남아주는 사람도 있다. 그 둘 사이의 차이는 단순한 인연의 굵기가 아니라 내가 어떤 태도로 살아왔는지를 말없이 보여준다. 원칙을 지키며 살면 떠나는 사람도 생길 수밖에 없다. 하지만 시간이 흐르면 남는 사람의 눈빛은 더 선명해진다. "저 사람은 적어도 흔들리지 않는 사람이었다." 그 신뢰는 말로 얻지 못하고, 오직 삶으로만 얻는 것이다.

그래서 나는 교육감 선거에 나서며 정책보다 먼저 내 삶을 설명하려 한다. 삶이 정책의 바탕이기 때문이다. 내가 원칙을 지키며 살아온 이유는 단순히 억울함을 피하기 위한 선택이 아니라 교육의 본질과 연결된 가치였다. 아이들에게 "정직하게 살아라"라고 말하려면 어른이 먼저 정직해야 한다. 아이들에게 "원칙을 지켜라"라고 말하려면 어른이 먼저 흔들리지 않아야 한다. 나는 이 믿음을 삶으로 보여주고 싶다. 그것이 내가 세우고 싶은 교육의 방향이며, 깐깐함이 결국 신뢰가 되기까지 걸어온 길이다.

2장

신뢰는 관계와 철학에서
만들어진다

오래된 관계가 준 힘

살다 보면 시간이 흘러도 변하지 않는 몇 가지 것들이 있다. 어떤 관계는 멀어지고, 어떤 인연은 흐릿해진다. 반대로 시간이 쌓일수록 더 단단해지는 관계도 있다. 그런 인연은 이해관계나 상황보다 마음의 중심이 비슷한 사람들이 오래 만났을 때만 만들어진다. 돌이켜보면 내 삶을 지탱해준 힘은 거창한 경력도, 직위도, 사회적 명예도 아니었다. 오히려 조용한 일상에서 서로의 마음을 확인해 왔던 몇몇 관계였다.

문재인 대통령과의 40년 인연 역시 그런 성격을 띤다. 권력이라는 외피가 생기기 훨씬 이전부터 우리는 서로의 삶과 태도, 가치관을 통해 신뢰를 쌓아왔다. 그 신뢰는 권력이

생겼다고 커진 것도 아니고, 권력이 사라진다고 줄어들 일
도 없다. 오히려 흔들림 없이 서로를 지켜보며 쌓아온 시간
이 더 중요한 역할을 했다. 그래서 나는 종종 생각한다. 정치
라는 거센 바람 속에서도 나를 지켜준 것은 결국 '흔들리지
않는 마음'이었다고 말이다.

믿음이 만든 관계의 깊이

사람들은 대통령과 나의 관계를 두고 별의별 해석을 붙인다.
그러나 실제 우리의 관계는 그 어떤 정치적 계산과도 거리가
멀다. 내가 문 대통령을 처음 만났을 때 그는 정치인이 아니
었다. 변호사였고, 지역에서 노동자·시민들과 함께 싸우던
사람이었다. 우리가 가까워질 수 있었던 것도 묵묵하게 원
칙을 지키는 그의 태도 때문이었다.

그는 평소에도 말보다 실천을 먼저 앞세우는 사람이었
다. 어느 상황에서도 목소리를 높이지 않으면서도 양보해서
는 안 될 원칙 앞에서는 절대로 주저하지 않았다. 나는 오래
도록 그의 그런 모습을 옆에서 지켜보며 '흔들리지 않는 마
음'이라는 것이 한 사람의 인생을 이렇게 지탱할 수 있는 것
임을 배웠다.

대통령 재임 기간에도 우리는 서로에게 과한 연락을 하지 않았다. 누군가의 도움을 기대하지도 않았고, 도움을 요청하지도 않았다. 그것이 우리가 관계를 지킨 방식이었다. 세상은 때때로 친분을 들여다보며 '이 사람과 저 사람은 무엇을 주고받았는가'를 의심하지만, 우리의 관계에는 보여줄 거래가 없다. 보여줄 것은 오히려 '주고받지 않은 것'에 가깝다. 그래서 나는 오래된 관계가 중요한 게 아니라 '흔들리지 않고 오래된 관계'가 중요하다고 말하고 싶다. 흔들림이 없었기에 우리는 서로에게 귀를 열고 마음을 열 수 있었다.

"우정이란 행동으로 증명되는 것"이라는 말이 있다. 말 몇 마디가 아니라 일상에서의 선택, 위기에서의 태도, 갈등에서의 절제 같은 것들이 관계를 만든다는 뜻이다. 우리 관계가 그랬다. 권력이 생겼다는 이유로 누군가를 추천하지 않았고, 부탁하지 않았고, 그 이름을 사적으로 사용하지 않았다. 오히려 이런 거리 두기가 서로를 더 편하게 했다. 작은 이해관계가 끼어들지 않았기 때문에 우리는 언제든 인간적인 대화를 나눌 수 있었다. 오래된 관계란 이렇게 불필요한 곁가지를 쳐내고 남은 단단함에서 완성된다.

깊은 관계가 사람을 세운다

내가 오래된 인연을 소중히 여기는 이유는 단순한 감정 때문만이 아니다. 교육자로서 살아오며 깨달은 한 가지가 있기 때문이다. 앞서 말했듯이 사람은 '자원'이 아니다. 감정과 이성을 갖춘 '존재'다. 교육의 목표도 자원을 길러내는 데 있지 않다. 교육은 자원을 만드는 것이 아니라 사람을 세우는 일이라는 말은 내 강의와 삶 전체를 관통하는 신념이다.

교육이란 결국 '사람을 믿는 일'이다. 누군가가 가진 성장 가능성을 의심하지 않는 태도, 서툴러도 기다릴 줄 아는 인내, 실수해도 다시 일어설 시간을 주는 배려 등이 쌓여 한 사람의 인생이 달라진다. 나는 교단에 서면서 수없이 많은 청년을 만났다. 그들은 점수로만 평가되기엔 너무 넓고 깊은 잠재력을 지닌 존재들이었다. 그러나 현실의 교육은 종종 그들을 숫자로 압축해 버리곤 한다. 그래서 나는 학생들에게 늘 말해왔다.

"성적이 너를 설명하는 게 아니다. 너는 그보다 훨씬 크다."

이 신념은 인간관계를 대하는 방식에도 그대로 스며들

었다. 사람을 단순한 기능이나 도구로 보지 않으니, 관계에서도 이해타산을 따질 이유가 없었다. 오래된 인연일수록 그 사람의 서툶과 아픔까지 함께 포용할 수 있는 여유가 생긴다. 그것이 교육자가 인간관계를 대하는 방식이라고 믿었다. 그래서 나는 문 대통령과의 관계를 포함해 어떤 인연에서도 '손익 계산'을 하지 않는다. 관계는 투자나 교환이 아니라 '함께 시간을 견디는 일'이기 때문이다.

헤밍웨이의《노인과 바다》에서 산티아고가 바다와 싸우는 과정은 외로운 투쟁이지만, 사실 그는 바다와 일종의 '관계'를 맺고 있는 사람이다. 서로를 이해하고, 서로의 존재를 인정하는 그 관계가 그를 마지막까지 버티게 한다. 인간에게 강인함을 주는 것은 외적인 힘이 아니라 '관계의 힘'이라는 뜻이다. 교육도 마찬가지다. 사람을 세우는 관계는 강요가 아니라 존중에서 시작되고, 지시가 아니라 신뢰에서 완성된다. 그래서 나는 지금도 아이들을 바라보면 마음속에서 한 문장이 떠오른다.

"사람을 세운다는 것은 결국 관계를 세우는 일이다."

내가 교육자로 살며 오랫동안 쌓아온 인연들, 그리고 흔들리지 않는 신뢰가 만들어낸 관계들은 모두 이 문장의 증거다. 그리고 그 관계들은 지금 이 자리까지 나를 버티게 한 가장 큰 힘이 돼주었다.

아이들은 숫자가 아니라
가능성의 존재

교육자로 살아온 세월을 돌이켜보면, 나는 늘 학생들을 숫자로 보지 않기 위해 스스로를 단련해 왔다. 강단에서 학생 명단을 볼 때마다 옆에 적힌 점수나 출석 횟수보다 먼저 떠올린 것은 "이 아이가 어떤 삶을 살아왔을까?"라는 질문이었다. 누군가는 고등학교 시절 전국 상위권을 유지해온 학생이었고, 누군가는 체육 시간 하나만 바라보며 겨우 버티던 학생이었다. 그러나 강단에 서 있는 순간, 그 차이는 중요하지 않았다. 교육은 기울어진 출발선에서 시작하는 여러 학생을 '같은 사람으로 존중하는 일'이라고 믿었기 때문이다.

어느 날 나는 스스로에게 질문을 던졌다.

"나는 이 학생들을 숫자나 출석부의 명단으로만 보고 있는가, 아니면 한 사람의 인생으로 보고 있는가?"

그 질문은 시간이 흐를수록 더 깊이 내 삶을 흔들었다. 그리고 결국 하나의 문장으로 정리되었다.

"교육은 사람을 세우는 일이다."

이 문장이 나를 지금까지 지탱해준 교육철학이 되었다.

교육은 가능성에 불을 붙이는 일이다

많은 교사가 처음 교단에 섰을 때, 학생들의 성적과 태도만으로 그들의 미래를 예측하려는 경향이 있다. 많은 초보 교사가 그랬듯이 나 역시 점수와 성실함을 기준으로 학생들을 평가했던 것은 아니었는지 되돌아볼 때가 있다. 그때마다 이러한 판단은 성급하고 부정확하다는 것을 새삼 깨닫는다.

겉으로 드러나는 것만 보고 학생의 가능성을 판단하는 순간, 교육은 성장의 기회를 놓치게 된다. 한때 학급에서 가장 말썽꾸러기였던 학생이 훗날 가장 따뜻한 교사가 되기도 하고, 수업에 집중하지 못하던 학생이 시간이 지나 자신만의 분야에서 놀라운 재능을 펼치기도 한다. 가능성은 보이지 않는 곳에서 자라며, 때로는 그 가능성을 단 한 사람만이라도 믿어줄 때 꽃을 피운다.

아인슈타인이 초등학생일 때, 그가 받아온 성적표에는 "이 학생은 장차 어떤 일을 해도 성공할 수 없을 것으로 판단됨"이라는 담임 선생님의 평가가 적혀 있었다. 이를 본 아인슈타인의 어머니 파울리네는 어린 아들에게 질책은커녕 격려를 했다.

"넌 남과 아주 달라서 특별한 능력을 갖고 있단다. 네가 남과 같아서야 어떻게 성공하겠니?"

어느 날은 파울리네가 아인슈타인과 함께 자신의 친구들과 그들의 아이들을 데리고 교외로 놀러 간 적이 있다. 그때 함께 간 친구들의 아이들은 이곳저곳을 뛰어놀며 잠시도 가만있지 않았다. 그런데 아인슈타인은 혼자 강기슭에 앉아 강물만 뚫어지게 바라보고 있었다. 이를 본 파울리네의 친구들은 걱정하는 투로 말했다.

"왜 저 아이는 저렇게 멍하니 강물만 쳐다보고 있지? 혹시 정신적으로 무슨 문제가 있는 게 아니야? 의사에게 한번 데리고 가는 게 어때?"

그러자 파울리네는 주저하지 않고 이렇게 답했다고 한다.

"문제는 무슨 문제야. 너희가 잘 몰라서 그래. 우리 아들은 지금 넋을 잃고 멍청하게 쳐다보는 것이 아니라 깊은 생각에 빠진 거라고. 아인슈타인은 분명히 커서 훌륭한 학자가 될 거야."

파울리네의 이러한 격려는 아인슈타인을 지켜냈고, 그 격려가 훗날 인류사의 혁신을 만든 씨앗이 되었다.

교육의 핵심은 재능을 만들어내는 것이 아니다. 이미 학생 안에 있는 씨앗을 발견하는 일임을 이 일화는 정확하게 말해준다. 나는 이 이야기를 듣고 다시 한번 교육자가 가져야 할 마음가짐을 다시 배웠다. 점수와 태도가 아니라 눈에 보이지 않는 잠재력에 귀 기울여야 한다는 것을 말이다.

좋은 교사는 학생을 잘 통제하는 사람이 아니다. 학생 안의 생명력을 깨우는 교사가 좋은 교사다. 학생을 '자원'으로 여기면 통제가 먼저 나오고, 학생을 '사람'으로 바라보면 가능성이 먼저 보인다. 그래서 나는 학생이 잠시 흔들려도, 실패해도, 방향을 잃어도 그것을 낙인으로 삼지 않으려 했다. 오히려 그 순간이 성장의 출발점이 될 수 있다고 믿었다.

대학에서 진로 상담을 할 때면, 나는 늘 학생들의 눈을 보고 말했다. 그리고 "네 안에 있는 가능성은 너 자신도 다

알지 못한다"라는 것을 일깨워 주려고 노력했다. 어떤 학생은 고개를 끄덕이며 새로운 도전을 시작했다. 그 변화의 순간들을 지켜보며 나는 깨달았다. 교육자는 누군가의 가능성에 불을 붙이는 사람이라는 것을 말이다. 가능성은 숫자로 평가할 수 없고, 서류로 증명할 수 없으며, 오직 한 사람의 진심을 통해 촉발될 수 있다.

믿고 기다려주는 교육이어야 한다

교육을 오래 할수록 나는 하나의 진실을 더 깊게 이해하게 되었다. 사람은 가르침보다 '믿음'으로 자란다. 수업 중에 전하는 지식보다 교사가 보이는 태도와 마음이 학생에게 훨씬 오래 남는다. 학생이 넘어졌을 때 옆에서 손을 잡아 일으켜 주거나, 실패했을 때 다시 도전해 보라고 조용히 격려해준 그 순간들이 아이를 세우는 토대가 된다. 그래서 나는 학생들의 성적보다 그들의 마음 상태를 먼저 살피려 했다. 그 마음이 건강하지 못하면 어떤 지식도 제대로 흡수되지 못한다는 것을 누구보다 잘 알고 있었기 때문이다.

사람을 존중하는 순간, 그 사람은 다시 일어설 힘을 갖는다. 교육자의 역할은 바로 그렇게 존중함으로써 아이의 마음을 다시 세우는 일이다. 때로는 말 한마디가, 때로는 한 번의 선택이 학생의 인생을 바꾸기도 한다. 교실은 작지만, 그 안에서 벌어지는 감정과 경험은 결코 작지 않다.

　내 교육철학의 중심에는 '기다림'이 있다. 기다림은 교육의 가장 오래된 방편이자, 동시에 가장 어려운 덕목이다. 아이가 자신의 속도로 자라도록 기다려주는 일, 실패해도 다시 도전할 수 있도록 기다려주는 일, 잠시 멈춰 서 있어도 조급해하지 않고 기다려주는 일. 이런 기다림은 단순히 시간을 허비하는 것이 아니다. 아이가 자기 길을 찾을 수 있도록 옆에서 조용히 버팀목이 돼주는 과정이다. 농부가 씨앗을 뿌린 뒤 매일 땅 위를 들춰 보지 않는 것처럼 교육도 결과를 조급하게 재촉해서는 안 된다.

　교육 현장에서 만난 학생 중에는 가정 형편이 어려워 진로를 포기하려던 아이도 있었다. 그 학생의 사례에서 나는 경제적 지원보다 더 중요한 것이 "너는 가치 있는 사람이다"라는 메시지라는 사실을 배웠다. 결국 그 학생은 스스로 일어섰다. 아마도 많은 선생님들이 제자 중에서 단 한 사람이라도 "선생님이 저를 믿어주셔서 저는 제 자신을 믿게 됐습니다"라고 말한다면 행복해할 것이다. 그 말은 교육자로서 받은 가장 큰 선물이기 때문이다.

　그래서 나는 여전히 교육은 사람을 세우는 일이라는 신

념을 올곧게 지키고 있다. 이 신념은 나에게 무엇을 해야 하는지 알려주는 나침반이자, 어떤 유혹에도 흔들리지 않게 하는 기준이다. 교육을 숫자로 판단하려는 사회, 결과만을 요구하는 풍토 속에서도 나는 이 신념 덕분에 방향을 잃지 않을 수 있었다.

사람을 세운다는 것은 결국 그 사람의 삶 전체를 존중하는 일이다. 그리고 교육자의 역할은 그 존중을 가장 먼저, 가장 깊게 실천하는 사람이어야 한다. 나는 그 길을 앞으로도 계속 걸어갈 것이다. 아이들의 잠재력을 믿고, 그들의 실패에 손을 내밀고, 그들이 자기 길을 찾는 시간을 함께 견디려 한다. 그것이 나를 지탱해온 교육철학이었다.

처음 걷는 길을 선택한다는 것

인생을 돌아보면 누구에게나 '처음'이 있다. 이미 닦여 있는 길을 따라가는 대신, 아무도 가지 않은 쪽으로 발을 내디딘 순간 말이다. 그 길은 대개 불편하고, 이해받기도 어렵다. 실패하면 "괜히 별난 길을 택했다"는 말을 듣기 쉽고, 성공해도 "운이 좋았다"는 평가를 감수해야 한다. 그럼에도 어떤 사람들은 여전히 정해진 답안지 바깥을 기웃거린다.

나 역시 그랬다. 학문 세계에서, 그리고 대학이라는 조직에서 나는 여러 번 '처음'이라는 단어를 감당해야 했다. 운동을 '처방'해야 한다고 주장했을 때도 그랬고, 모두가 기피하던 입학 업무 시스템을 혼자 떠맡았을 때도 그랬다. 그리고 결국 많은 사람들이 의아해한 배재대학교로의 이직 역시 같은 결이었다. "왜 굳이 그 길을 가느냐"라는 질문을 들을 때마다 나는 마음속으로 되물었다.

"누군가는 먼저 걸어야 다음 사람이 편해지지 않겠는가."

아무도 가르치지 않던 것을 가르치기 시작했다

건양대학교에 몸담았던 시절은 내 인생에서 가장 뜨거우면서도 가장 힘들었던 시간이 동시에 존재했던 시기였다. 세상의 모든 대학이 비슷할 것이라 막연히 생각했지만, 실제로 들어가 보니 그렇지 않았다. 그러나 그곳에서 나는 다른 어느 대학에서도 해본 적 없는 도전을 하게 된다. 아무도 해본 적 없는 새로운 학문을 처음으로 만드는 일이었다.

그때만 해도 사람들은 운동을 그저 "스스로 알아서 하는 것" 정도로 여겼다. 누군가는 체력을 기르려고, 누군가는 살을 빼려고, 또 누군가는 취미 삼아 운동을 했다. 운동은 의학과 멀찍이 떨어져 있는 영역으로 취급됐다. 병원에서 의사가 환자를 진찰하고, 약을 처방하고, 용량을 조절하는 일은

'과학적인 행위'로 인정받았지만, 운동은 여전히 개인의 감과 경험에 맡겨진 영역이었다.

그러나 나는 다른 관점을 가지고 있었다. "약도 처방이 필요한데, 운동은 왜 처방이 필요 없단 말인가" 하고 과학적인 운동 처방을 연구했다. 병원에서 환자에게 같은 약을 일률적으로 주지 않듯이 운동 역시 사람마다 강도와 종류, 빈도가 달라야 한다고 생각했다. 같은 달리기 30분이라도 어떤 사람에게는 치료가 되지만, 다른 사람에게는 관절을 망가뜨리는 독이 될 수 있다. 나이, 기저질환, 체력 수준, 생활 습관에 따라 운동의 효과와 위험은 극명하게 갈린다. 이 당연한 논리를 한국 대학에서는 아무도 본격적으로 다루지 않고 있었다.

그래서 나는 '운동처방학'이라는 학문 영역을 처음 도입하겠다고 마음먹었다. 지금처럼 운동 관련 정보가 인터넷에 넘쳐나는 시대도 아니었다. 국내에는 참고할 만한 교과서도, 내용을 함께 정리해줄 선배 교수도 없었다. 지도교수나 선진 대학의 커리큘럼이라는 말이 무색할 정도로 말 그대로 바닥부터 만들어야 하는 일이었다. 그때부터 내 일상은 거의 전쟁과 같았다. 외국에서 발표된 논문과 자료를 수집하고, 밤을 새워 이론적 기초를 다졌다.

전공 명칭을 정할 때도 고민이 많았다. '운동처방학'이라고 할 것인가, '스포츠의학'이라고 할 것인가. 학문의 뼈대는 같았지만, 이름이 주는 느낌은 사뭇 달랐다. 나는 한동안 '운동처방학'이라는 이름을 고집했다. "운동도 의사의 약처럼 처방해야 한다"는 메시지를 정면으로 드러내고 싶었기 때문이다.

그런데 시간이 지나면서 예상치 못한 상황이 벌어졌다. 다른 대학에서 비슷한 내용을 다루는 학과를 만들면서 '스포츠의학과'라는 간판을 내건 것이다. 2년 뒤, 다른 학교가 '스포츠의학과'를 만들었다. 커리큘럼은 솔직히 우리보다 허술했다. 그런데 학생들이 그곳으로 몰렸다. 이유는 단 한 가지였다. 이름이 더 좋아 보였기 때문이다. 그래서 우리도 학과명을 '스포츠의학과'로 바꿨다. '우리가 시작했고, 우리가 더 잘 가르치고 있다'는 자부심을 잃지 않기 위해서였다.

돌이켜보면, 그 시절 나는 이 분야에서 일종의 '맹주'였다. 그동안 국내에서 체육활동을 운동처방과 스포츠의학을 결합해 본격적으로 가르치는 사람은 거의 없었다. 지금도 그 표현이 지나치다고 생각하지 않는다. 나는 스스로에게 부끄럽지 않을 만큼 최선을 다했다. 선배가 없어도, 길잡이가 없어도 길 자체를 만들며 걸어야 했던 그 시절은 내게 여전히 가장 뜨거운 장면으로 남아 있다.

새로운 학문을 만든다는 것은 결국 "지금 여기에는 없

지만, 분명 필요하다"고 믿는 것을 세상으로 끌어오는 일이다. 운동처방학을 처음 이야기했을 때, "운동을 뭐 그 정도까지 하냐"는 냉소를 들은 적도 많았다. 그러나 시간이 지나고 보니, 병원과 체육관, 재활센터, 노인복지시설, 학교 현장에서 운동을 '처방'한다는 개념이 점점 상식이 되어 갔다. 그 변화를 지켜보며 나는 확신하게 되었다. 아무도 걷지 않은 길이라고 해서 반드시 잘못된 길인 것은 아니다. 누군가는 먼저 발자국을 찍어야 그다음 사람이 더 편하게 걸을 수 있는 법이다.

길을 만드는 사람이 되고자 했던 이유

운동처방학이라는 새로운 길을 만들어가던 시기, 내 삶의 다른 한쪽에서는 점점 견디기 어려운 균열이 깊어지고 있었다. 당시 건양대에서 배재대로 옮긴 일은 내 인생에서 가장 많이 오해받은 사건이기도 하다. 국정감사 때마다 그 이야기가 반복됐다. 언론과 정치권에서는 그것을 마치 '특혜 인사'의 한 예처럼 다루려 했다. 나는 그때마다 차분하게 사실을 설명했다. 그 과정은 언제든 공개해도 되며, 법적으로나 절차적으로나 문제 될 것이 전혀 없다는 내용이었다.

나는 일을 게을리한 적도 없다. "천 원 받으면 십만 원어치 일한다"라는 게 내 신념이었다. 건양대학교에서 입학처장이 따로 없던 시절, 나는 서류 하나부터 시스템 구축까지 입학 업무 전반을 거의 혼자 도맡아 했다. 무에서 유를 만드는 작업이었다. 전국의 입시 제도를 분석하고, 홍보 전략을 세우고, 학생과 학부모를 직접 만나 설명회를 하고, 입학 전형의 공정성을 높이기 위해 기준을 세세하게 다듬었다.

사람들은 내가 어떤 환경에서, 어떤 말을 들으며, 어떤 선택의 갈림길 앞에 서 있었는지 잘 모른다. 오히려 더 열심히, 더 성실하게, 더 묵묵히 일해야 한다는 압박을 스스로에게 걸어 두었다. 맡은 역할에서 최선을 다했고, 성취했고, 책임졌고, 버텼고, 끝까지 앞만 보고 달려왔다. 그 과정을 곁에서 지켜본 사람들은 의심하지 않는다.

돌아보면, 모든 길은 결국 나를 지금 이 자리로 데려왔다. 운동처방학을 만들던 뜨거운 시절도, 입학 업무를 전반적으로 도맡아 뛰어다니던 순간도, 배재대에서 정년을 마무리하던 시간도 모두 한 줄기로 이어져 있다. 그 경험들이 쌓여 지금의 나를 만들었다.

처음 걷는 길을 선택한다는 것은 "편한 길을 마다하겠다"라는 결심과 같다. 대다수가 가는 길을 따라가면 욕도 덜 먹고, 설명해야 할 일도 줄어든다. 그러나 나는 그보다 더 중요한 것을 선택했다. 내 이름으로, 내 책임으로, 내가 옳다고 믿는 길을 걷겠다는 다짐 말이다. 앞으로도 나는 그때의 리듬 그대로 걸을 생각이다. 아무도 하지 않았던 질문을 던지고, 아무도 시도하지 않았던 길을 모색하는 일 말이다. 처음 걷는 길은 늘 두렵지만, 우리의 아이들과 대전의 미래를 위해서라면, 또 한 번 그 길을 선택할 준비가 되어 있다.

3장

날라리 천주교 신자의 기도

날라리 신자가 깨달은 교육철학

나는 '날라리 천주교 신자'다. 빠짐없이 미사에 나가는 것도
아니었고, 묵주기도를 성실하게 바치는 모범 신자도 아니었
다. 그렇지만 어떤 순간을 돌아보면, 내 삶의 뿌리에는 분명
신앙이 있었다. 신앙은 겉으로 드러나는 행동이 아니라 마음
에 새겨진 태도라는 것을 살아갈수록 더 깊이 깨닫게 된다.

성당 마당에서 듣던 신부님의 말, 성가대 연습 시간에
들리는 찬송가, 고요한 성당 의자에 앉아 멍하니 천장을 바
라보던 순간들. 그 모든 것들이 내가 어떤 삶을 선택해야 하
는지를 나도 모르게 가르치고 있었다. 나는 그저 평범하게
자랐지만, 그 평범함 속에 가장 중요한 씨앗 하나가 숨어 있

었다. 특별히 경건한 신앙을 가진 사람으로 보이지 않았을 것이다. 그러나 삶의 어느 갈림길에서든 나를 구한 것은 이상하게도 종교의 한 구절, 성당에서 들었던 단순한 가르침이었다.

"착하게 살아라. 그게 신앙의 시작이자 끝이다."

사람을 먼저 보라는 가르침을 배우다

성당에서 내가 깨달은 것은 참 단순하다. "착하게 살아라", "남을 속이지 마라", "약한 사람에게 손 내밀어라." 이런 말은 어느 종교에서나 들을 수 있는 평범한 말처럼 들리지만, 내 삶에서는 중요한 나침반이었다. 어쩌면 이 말에서 나의 교육철학이 태동했을 것이다.

나는 신앙이란 절대 신비로운 체험이나 깊은 신학 공부에서 시작되는 것이 아니라 삶의 가장 기초적인 태도를 어떻게 선택하느냐의 문제라고 생각해 왔다. 사람을 속이지 않고, 해를 끼치지 않고, 손해가 오더라도 옳은 선택을 하려고 애쓰는 것. 그래서 종교적 관점에서 '선(善)'은 특별한 도덕적 영웅주의가 아니라 일상의 태도였다. 나는 강단에서 학생들에게도 "착하게 살아라"라는 말을 종종 했는데, 그것은 도덕 교과서에서 가져온 문장이 아니라 내 삶을 지탱한 문장 그 자체였다.

성경의 문장도 종종 나에게 기준을 세워주었다. 예컨대 '자기 이웃을 자신처럼 사랑하라'는 구절은 누구나 알고 있지만 실천하기는 어렵다. 교육 현장에서 이 말은 또 다른 의미로 다가왔다. 학생 한 명 한 명을 한 사람으로 대하는 것이 얼마나 중요한지, 또 그들을 하나의 '성적' 혹은 '자료'로 보지 않는 것이 교육의 시작이라는 걸 자연스럽게 깨닫게 해주었다.

나는 그 구절을 강의실에서 실천하려고 애썼다. 학생이 실수했을 때 화내기보다 먼저 그 마음의 배경을 살펴보고, 점수가 낮더라도 그 학생이 가진 가능성을 믿으려 했다. 내 교육철학의 바탕에는 성경이 주는 한 문장의 힘이 은근히 깔려 있었다.

진정한 종교란 삶 속에서 인간을 선하게 만드는 힘이지 않을까. 신앙이라는 게 결국 인간을 더 나은 사람으로 만드는 힘이라는 것을 어느 순간부터 깨달았다. 종교는 나를 경직된 율법의 길로 이끈 게 아니라 사람을 이해하고 또 품는 방향으로 이끌었다. 그러니 '날라리 신자'였던 내가 겉으로는 성실하지 않아 보였을지 몰라도 마음속에서는 종교가 가르친 몇 가지 문장들이 삶의 축이 되어 조용히 자리 잡고 있었다.

교육자로 살아갈 때도 이 신앙적 바탕은 나를 단단하게 만들었다. 학생을 대할 때마다 나는 외면보다 내면을 먼저 보려고 했다. "사람을 세워라. 그게 교육이다"라는 내 철학은 사실 종교적 가르침의 연장선이었다. 착하게 살라는 말이 결국 사람을 존중하라는 말이며, 사람을 존중하는 교육이 가장 강력한 교육이라는 것을 나는 경험을 통해 깨달았다.

그래서 나는 성적 중심 교육의 차가움보다 인성 중심 교육의 따뜻함을 더 신뢰했다. 사람은 성적으로 움직이지 않는다. 마음으로 움직인다. 그리고 그 마음을 먼저 본다는 점에서 종교와 교육은 서로 깊게 닿아 있었다.

관리하지 않고 포기하지 않는 마음

나의 신앙적 배경은 결국 교육철학으로 이어졌다. 누군가를 평가하기보다 가능성을 먼저 보는 태도, 경쟁보다는 보살핌을 중시하는 시선, 실수한 학생을 꾸짖기보다 그가 다시 일어설 수 있도록 손을 내밀어주는 자세. 나는 이것이야말로 신앙의 핵심 가르침이라고 믿었다. 인간은 누구나 불완전하며, 그 불완전함을 포용하면서 함께 살아가는 것이 공동체의 본질이라는 생각이었다. 그래서 나는 교육에서도 "한 명의 아이도 포기하지 않는다"는 원칙을 고집해 왔다. 그것은 교육자로서 가져야 할 책임 이전에 한 인간으로서의 신앙적 태도였다.

한 사람의 이름을 부른다는 것은 그 사람의 존재 전체를 인정하는 일이다. 교육도 그래야 한다고 믿었다. 학생의 이름을 부를 때, 그 안에는 그 아이의 아픔도, 잠재력도, 희망도 모두 들어 있어야 한다. 신앙이 준 가장 큰 선물은 사람을 '전체'로 바라보는 법이었다.

"가장 중요한 것은 눈에 보이지 않는다."

나는 종종 프랑스 작가 생텍쥐페리의 《어린 왕자》에 나오는 이 구절을 떠올린다. 여우가 어린 왕자에게 말한 이 문장은 교육과 신앙을 동시에 설명해 준다. 학생의 잠재력, 상처, 성장 가능성은 눈에 보이지 않는다. 신앙도 마찬가지다. 그러나 보이지 않는 것이야말로 인간을 움직이는 근본적 힘이다. 그래서 나는 교육자로서 '보이지 않는 것'을 보려고 노력했다. 그것은 단순한 감성적 접근이 아니라 교육의 가장 본질적인 원칙이었다.

또한 신앙은 나에게 책임을 가르쳤다. 학생의 삶에 영향을 미치는 선택을 할 때, 나는 늘 스스로에게 물었다.

그 질문이 없었다면 나는 아마 지금과는 다른 방식으로 교육했을 것이다. 때로는 엄격함이 필요했고, 때로는 따뜻함이 필요했다. 그러나 그 어느 순간에도 내가 해야 할 일은 학생을 '키우는 것'이지 '관리하는 것'이 아니었다. 교육에서 '관리'라는 말은 언제나 위험하다. 인간을 숫자로 본다는 뜻이기 때문이다. 나는 학생을 숫자로 보지 않기 위해 늘 몸을 낮췄다. 그것은 신앙이 가르친 겸손이기도 했다.

결국 '날라리 신자'였지만 나의 신앙은 내 삶 전체를 관통하는 조용한 강물처럼 흘러왔다. 드러내지 않고, 과장하지 않고, 누군가에게 보이기 위해서가 아니라 나를 올바른 방향으로 이끄는 힘으로 작용했다. 그리고 그 힘은 지금도 교육 현장에서 나를 움직이게 한다. 착하게 살라는 단순한 가르침은 결국 사람을 세우는 교육을 위한 가장 근본적인 도덕적 기반이었다. 신앙은 내게 화려한 영적 체험을 준 것이 아니라 "사람을 사람답게 대하라"는 시대를 초월한 가르침을 남겨주었다.

약속을 어기지 않기로 한 이유

인생을 돌아보면 어느 지점에서 '그전과 그 후'로 나뉘는 순간이 있다. 나에게는 눈이 펑펑 쏟아지던 어느 겨울날이 그렇다. 그날 이전의 나는 젊고 건강했고, 앞만 보고 달리던 체육인에 가까웠다. 그날 이후의 나는 늘 한 발짝 물러서서 삶을 바라보며 "왜 나를 다시 살려 주었을까"를 묻는 사람이 되었다. 그 사건이 없었다면 나는 지금과 전혀 다른 길을 걷고 있을지도 모른다. 버스 정류장에서 미끄러지는 버스에 치여 쓰러졌던 그날, 나는 말 그대로 죽음의 문턱에 섰다가 가까스로 돌아왔다. 그리고 그 경험은 내 인생의 나침반을 송두리째 바꾸어 놓았다.

약속을 지키려다 마주한 죽음의 문턱

나는 스포츠를 좋아한다. 체육 전공 교수가 되어서가 아니라 어릴 때부터 운동을 좋아했다. 제법 소질도 있었다. 마음만 먹으면 선수의 길을 갈 수도 있었을 것이다. 하지만 나는 어린 시절부터 운동선수들의 현실을 똑똑히 보았다. 초등학교 때부터 교실 수업은 팽개치고 운동장만 밟는 아이들이 있었다. 그렇게 중학교, 고등학교, 대학교까지 운동만 하다 보면, 그들은 어느 순간 배움과는 멀어지고 만다.

간혹 그 아이들이 운동에 성공하여 대학에 진학해도 형식적인 전공을 달고 졸업장을 받는 경우가 대부분이다. 전공은 법학인데 법에 대해 아는 것이 거의 없는, 그런 기묘한 모습들을 숱하게 보았다. 그들의 삶이 결코 존중받지 못한다는 것을 알기에 나는 선수의 길을 택하지 않았다. 운동은 좋아하되, 운동만 하는 삶은 선택하지 않은 것이다.

그 대신 나는 약속을 지키는 삶을 선택했다. 누군가와 한 번 약속하면, 웬만해서는 어기지 않았다. 지금 돌이켜보면, 바로 그 약속이 내 생명을 살렸다. 그날도 그랬다. 대학원에서 석사 학위를 받을 무렵이었다. 눈이 많이 내리던 어느 겨울날, 나는 학교에서 나와 어딘가로 가기 위해 버스를 타야 했다. 약속을 지키기 위해 좋지 않은 날씨에 미끄러운 길을 걸으며 버스 정류장으로 갔다. 그 약속은 내가 사랑하는 여자 친구를 만나는 것이라서 조금 서둘러서 움직였다.

그때였다. 제설이 제대로 되지 않은 도로 위로 버스 한 대가 미끄러져 내려오고 있었다. 그 버스가 빙그르르 돌다가 나를 치고 말았다. 순식간에 당한 일이라서 그대로 길바닥에 내동댕이쳐져 의식을 잃고 말았다. 다음 기억은 온통 하얀 병실 천장이었다. 나중에야 들은 이야기지만, 버스에 치여 의식을 잃은 채 쓰러진 나를 본 주변 사람들이 놀라서 구급차를 불렀다고 한다.

나는 가장 가까운 병원으로 실려 갔다. 그러나 그곳에서는 최소한의 응급 처치만 해주고, 나를 방치하다시피 했다. 내 소지품 중에 신분증이 있었지만, 누구에게도 연락하지 않았다. 병원에서는 보호자를 찾으려는 노력도 거의 없었다. 휴대전화도, 소셜미디어도 없던 시절이라 내가 어디에 있는지 아는 사람은 아무도 없었다. 여자 친구는 약속 장소에 내가 나타나지 않자 걱정했지만, 나를 찾을 방법은 마땅치 않았다. 이곳저곳 수소문해도 나의 행방을 아는 사람이 아무도 없었다고 한다.

약속을 지키기 위해 서둘러 나섰던 그 길이 역설적으로 내 삶을 끊어버릴 뻔한 길이기도 했다. 하지만 동시에 그 약속을 향해 나섰기 때문에 사람들의 기억 속에 내가 더 또렷하게 남아 있었고, 나를 끝까지 찾아 나선 사람들이 있었다. 그들이 결국 내 생명을 이어 주었다.

다시 살아난 사람으로 어떻게 살 것인가

내가 병원에서 혼수상태로 누워 있는 동안, 여자 친구와 가족뿐만 아니라 학교도 발칵 뒤집혔다. 석사 학위 졸업 논문을 발표해야 하는데, 당사자가 말도 없이 사라져 버린 꼴이 됐으니 야단난 것이다. 그때 여자 친구가 나를 살렸다. 여자 친구는 가족들과 함께 경찰에 실종 신고를 하고 여기저기 수소문했다.

그러던 차에 다행스럽게도 사고 당시를 목격한 후배가 있었다. 여자 친구와 가족이 여기저기 수소문하다가 후배를 만나 이야기를 듣고 병원으로 달려왔다. 그런데 아무리 봐도 상황이 심각해 보였다. 나는 여전히 의식을 차리지 못하고 있었는데 병원에서는 간단한 응급 처치만하고 그냥 방치한 것이다.

여자 친구가 의사에게 "이 사람 상태가 어떻습니까?"라고 물었는데, 돌아온 대답은 예상 밖이었다. "괜찮을 겁니다. 조금 쉬면 나아질 거예요"라고 말했다고 한다. 그러나 나를 잘 아는 이들의 눈에는 그렇게 보이지 않았다. 얼굴이 창백하고 숨소리가 가빠 보이는 나의 상태를 보고 그들은 도무지 안심할 수 없었다.

여자 친구는 내 상황이 심각하다는 것을 직감했다. 지금의 아내이기도 한 그 사람은 병원 측의 괜찮다는 말을 그대로 믿지 않았다. "이 사람은 평소 어떤지 제가 잘 알아요. 지금 상태는 정상으로 보이지 않습니다. 더 큰 병원으로 옮겨 검사해 주세요."

여자 친구는 병원에서 별다른 추가 치료를 하지 않는 것을 보고 큰 병원으로 옮기겠다고 강하게 주장했다. 병원의 만류에도 불구하고 여자 친구가 밀어붙여 대학병원으로 나를 이송했다. 이게 나를 살렸다. 대학병원에서 정밀 검사를 받은 뒤 의료진은 즉시 가족과 동행인들을 불렀다. 그리고 이렇게 말했다. "지금 바로 뇌수술을 해야 합니다. 조금만 늦었어도 위험할 뻔했습니다."

나중에 깨어난 뒤에 이 사실을 전해 들었지만, 들을 때마다 등골이 서늘해진다. 눈 오는 날에 미끄러지던 버스에 치여 쓰러진 뒤, 중간에 한 번 더 병원을 옮기지 않았다면 나는 이미 이 세상 사람이 아니었을 것이다. 그날 나는 긴급 뇌수술을 받았고, 며칠 동안 의식 없는 시간을 보냈다.

며칠이 지나 서서히 의식을 되찾았을 때, 나는 아직도 상황을 제대로 이해하지 못했다. 그러나 몸이 조금씩 회복되면서, 병원 안에 있는 미사 보는 곳에서 미사가 있다는 소식을 들었다. 나는 아직 완전히 낫지도 않은 몸을 이끌고 그곳으로 향했다. 마음속에는 이상하리만큼 분명한 생각이 하나 자리 잡고 있었다. 살아났으니 이제 어떻게 살아야 할지 곰곰이 생각하게 됐다.

미사가 시작되고, 제대 위의 십자가를 바라보는 순간, 나는 참지 못하고 눈물을 쏟았다. 하느님은 왜 나를 살려 두셨는지, 왜 나는 그 버스 사고에서 살아남았는지 도무지 답을 찾을 수 없었다. 다만 분명한 것은 내가 살아 있다는 사실 자체가 선물처럼 느껴졌다는 것이다. 그날 이후로 나의 삶은 달라졌다. '당연한 것'들이 더 이상 '당연한 것'이 아닌 것으로 보이기 시작했다. 숨을 쉬고, 걷고, 학생들 앞에 서서 수업을 하고, 가족과 밥을 먹는 평범한 일상 하나하나가 '덤으로 받은 시간'처럼 느껴졌다.

그래서 나는 마음속으로 나 자신과 약속했다. 앞으로의 삶은 덤으로 받은 시간이라 생각하고, 감사하며 살고, 허투루 인생을 낭비하지 않겠다고 말이다. 버스에 치였던 그날, 내 삶은 일단 한 번 끝난 것이나 다름없다. 그 이후의 시간은 덤이다. 그렇기에 나는 교육자로서, 또 한 사람의 시민으로서 이 시간을 어떻게 채워가야 할지 스스로에게 더 엄격해질 수밖에 없다.

그 버스 사고는 내게 '죽음의 예행연습'과도 같았다. 인간은 누구나 언젠가 한 번은 삶의 무게중심이 바뀌는 순간을 맞는다. 나에게 그 순간은 눈 내리던 겨울날 도로 위였다. 그전까지는 건강과 능력, 성취를 중심으로 삶을 설계했다면, 그 후로는 감사와 책임, 그리고 약속을 중심으로 삶을 다시 그리게 되었다.

아이의 얼굴이 사라진 교실

우리나라 교실을 가만히 들여다보면, 아이들이 살아있는 사람이 아니라 잘 세공된 '입시 기계'처럼 느껴질 때가 많다. 초등학교 때부터 '몇 반 몇 등' '어느 중학교, 어느 고등학교'라는 말이 일상의 언어가 되어 버렸다. 시험 점수와 내신 등급이 한 아이의 가치를 설명하는 공식처럼 작동한다. 선생님과 학부모, 아이들 스스로까지 그런 분위기를 당연하게 받아들이다 보니 어느 순간 우리는 공부를 잘하는 아이를 '좋은 아이'로, 뒤처진 아이를 '문제 있는 아이'로 취급하고 있다.

그 사이에서 사라지는 것은 아이의 얼굴이다. 무엇을 좋아하는지, 어떤 성격인지, 친구와 함께 있을 때 어떤 표정을 짓는지보다 몇 점 받았는지가 더 중요해진 사회에서 교육은 서서히 사람을 만드는 일이 아니라 성적을 만드는 기술이 되고 말았다. 나는 오랫동안 강단과 행정을 오가며 이런 현실을 지켜보았다. 그리고 점점 확신하게 되었다. 입시 기계가 아닌 사람을 키우는 교육으로 방향을 바꾸지 않으면, 우리 사회의 미래도 함께 삐걱거리게 될 것이라는 사실을 말이다.

공동체를 잃어버린 교실

현재 우리나라 교육의 가장 큰 문제는 아이들을 입시 기계로 만든다는 데 있다. 초등학생 때부터 생활 리듬이 입시를 중심으로 짜인다. 학원 스케줄이 학교 시간표를 덮어버리고, 방학은 쉼이 아니라 '기초를 다지는 마지막 기회'가 된다.

운동장에 나가 뛰어놀 시간, 친구들과 공을 차거나 공연을 준비하며 웃을 시간은 점점 줄어들고, 그 자리를 모의고사 문제지가 대신한다. 아이들의 신체적·정신적 건강이 모두 위협받고 있음에도 우리는 "좋은 대학에만 가면 된다"는 말로 이 현실을 덮어왔다.

이런 교육환경 속에서 아이들은 자연스럽게 "공부 잘하는 것이 곧 좋은 사람 되는 길이다"라는 한 가지 메시지를 배운다. 공부를 잘하는 아이가 마치 최고의 인간형인 것처럼 떠받들어진다. 반대로 성적이 낮으면 나쁜 아이, 게으른 아이, 뒤처진 아이로 낙인찍힌다. 이 이분법 자체가 잘못이다. 아이의 품성, 협동심, 공감 능력, 책임감 같은 요소들은 성적표 어디에도 중요하게 기록되지 않지만, 실제 삶을 살아가는 데는 점수보다 훨씬 더 중요한 자질이다. 우리는 이 당연한 사실을 교육의 현장에서 너무 오래 외면해 왔다.

입시 위주의 엘리트 교육이 낳은 병폐는 이미 사회 곳곳에서 드러났다. 정계, 재계, 학계의 여러 스캔들과 비리 사건의 중심에는 국내 최고 대학을 나온 사람들이 서 있는 경우가 적지 않았다. 이들은 시험을 잘 보는 능력으로는 검증된 사람들이다. 그러나 공동체를 향한 책임감, 공정을 대하는 태도, 약자를 대하는 방식에서 심각한 문제점을 보였다. 공부는 잘했을지 몰라도 인성은 파탄 난 것이다. 이는 결코 개인 몇 명의 일탈이 아니다. 성적만을 기준으로 사람을 선발해온 교육 시스템 전체가 빚어낸 결과라고 봐야 한다.

경쟁 교육의 가장 큰 폐해는 배려와 협력, 공동체적 삶을 살아가는 법을 가르치지 못한다는 데 있다. 시험 점수만이 기준이 되면, 아이들은 자연스레 '나 한 사람만 잘되면 된다'는 마음을 품게 된다. 친구는 함께 성장하는 동료가 아니라 이겨야 할 경쟁자가 된다. 교실은 서로에게 힘이 되는 공간이라기보다 누가 누구를 제치고 위로 올라가는지를 확인하는 전쟁터가 된다. 심지어 어떤 학부모들은 "우리 아이가 1등을 해야 하는데, 수준이 다른 친구들과 한 반에 있는 것이 손해 아니냐"고 말하기도 한다. 이런 시선 속에서 중하위권 아이들은 더욱 위축되고, 자신에게 기대하는 어른이 한 명도 없는 듯한 긴 터널을 지나게 된다.

그러나 교육은 상위 10%만 잘 되는 시스템을 만들어서는 안 된다. 한 학년에 100명의 학생이 있다면, 그중 10명만이 이른바 좋은 대학에 갈 수 있다. 나머지 90명의 인생은 어떻게 할 것인가. 그 아이들의 삶 또한 소중하고, 그들의 미래 역시 우리 사회의 미래와 직결되어 있다. 지금의 교육 시스템이 이 90명의 가능성을 체계적으로 가로막고 있지 않은지 나는 늘 스스로에게 묻는다. 우리가 정말 교육을 하는가, 아니면 점수에 따라 아이들을 서열화하는 작업을 반복하고 있는가.

이런 폐단을 없애려면, 교육의 목표를 다시 세워야 한다. 입시 말고도 더 중요한 것이 있다는 사실, 인간다운 삶을 살아갈 준비를 시켜야 한다는 사실을 교육이 먼저 말해주어야 한다. 아이가 사람답게 자라고, 자신의 장점을 발견하고, 공동체 안에서 자신의 역할을 찾을 수 있도록 돕는 교육이어야 한다. 그 출발점이 바로 예체능 교육이다. 지금까지 부수 과목으로 취급되었던 예체능을 다시 살려내야 비로소 입시 기계가 아닌 사람을 키우는 교육의 길이 열린다.

예체능 교육을 살리면 교육의 선순환 구조가 갖춰진다. 건강한 신체 활동과 정서 함양은 맑은 정신으로 공부에 집중할 수 있는 기반을 마련해 준다. 아이들이 몸을 움직이고, 함께 땀 흘리고, 무대 위에서 협력하며 하나의 결과물을 만들어내는 과정에서 자존감이 자란다. 자존감이 자라면 공부에도 자신감이 붙는다. 자신감이 붙으면 성취 경험이 늘고, 그러면 다시 스스로에 대한 신뢰가 높아진다. 이 선순환이 자리 잡아야만, 단 한 명의 아이도 포기하지 않는 교육이 가능하다.

사람을 살리는 예체능과 경험의 힘

예체능 교육은 곧 인성 교육과도 연결된다. 인성을 교과서처럼 문장으로 가르친다고 해서 아이들이 곧장 변하는 것은 아니다. 교실에서 "배려하라, 나누어라, 정직하라"고 아무리 외쳐도 아이들은 별 감흥을 느끼지 못한다. 오히려 친구와 함께 연극을 준비하면서 서로의 대사를 챙기고, 합창하며 음을 맞추고, 운동장에서 팀을 나누어 경기를 하면서 규칙을 지키는 경험을 통해 배려와 책임, 협력의 가치를 몸으로 배운다. 인성은 머리가 아니라 몸과 마음으로 익히는 것이다.

게다가 이러한 교육은 곧바로 인성 교육과도 연결된다. 굳이 인성을 교과서처럼 가르치지 않아도 아이들이 저절로 체득한다. 이런 교육은 교육 제도를 건들지 않아도 교육청 차원에서 할 수 있다. 심지어 개별 학교 단위에서도 당장 시행하는 게 가능하다.

나는 한 학교의 사례를 잊지 못한다. 그 학교는 이미 다양한 교육 프로그램을 하고 있었다. 한번은 대전에 있는 한 국효문화진흥원에 학생들을 보냈다고 한다. 그곳에 있는 할아버지와 할머니의 발을 씻겨주러 간 것이다. 어르신들 세족식을 하러 간 것인데, 당연히 수업을 빠지고 일과를 이동과 세족식에 온전히 보내야 하는 일정이었다.

"아니, 그렇게 수업을 하루 빠지면 학부모들 반발이 있었을 텐데요."

"아닙니다. 오히려 그 반대였습니다. 애들이 집에 가서 자랑했다고 해요. 굉장히 보람이 있었다고요. 그러자 그다음 날부터 학교로 학부모님들 전화가 빗발치게 왔어요. 아주 잘했다고 말이죠."

학부모들은 아이들의 공부와 성적을 걱정하면서도 마음한편으로는 건강하고 바르게 자라기를 간절히 바란다. 그런데 현장의 교육은 그 소망을 충분히 들어주지 못했다. 아이들이 가장 활발하게 성장해야 할 시기에 우리는 그들을 책상 앞에 붙들어 두고 모의고사 시험지를 반복해서 풀게 했다. 머리는 바빠졌는지 몰라도 마음은 점점 메말라 갔다. 이 틈을 비집고 사교육이 성장했다. "공부 못하면 낙오한다"는 공포를 끊임없이 자극하며 불안을 상품으로 만든 것이다.

흥미로운 것은 인성을 위한 경험과 예체능 활동을 적극적으로 도입한 학교일수록 오히려 대학 진학률과 학업 성취도가 높게 나타난다는 점이다. 앞서 언급한 그 학교 역시 마찬가지였다. 봉사활동과 인성 교육 프로그램을 늘렸지만, 학부모 만족도는 더 높아졌다. 그리고 상급 학교 진학 실적도 안정적으로 유지되거나 오히려 향상됐다. 교장과 교사들은 "아이들이 학교를 좋아하게 되니 공부도 덩달아 달라졌다"고 말했다. 인성과 공부의 연결고리를 찾아 선순환 구조를 만든 것이다.

인성과 공부는 결코 별개의 영역이 아니다. 선한 마음을 가지고 올바른 생활관이 정립되면, 모든 면에서 성실해진다. 시간 약속을 잘 지키고, 맡은 일을 끝까지 해내려는 태도가 몸에 배면, 공부에서도 자연히 좋은 결과가 나온다.

소위 말하는 '문제아'라고 불리는 아이들도 자세히 들여다보면 대부분 원래부터 공부를 못하는 아이가 아니다. 공부가 싫고, 학교가 싫고, 자신이 존중받지 못한다고 느끼기 때문에 비행의 길로 빠지는 경우가 많다. 가치관이 혼란스러운 상태에서 그들에게 필요한 것은 더 많은 벌점이 아니라 자신이 존중받고 있다고 느끼게 해주는 경험, 그리고 스스로 의미를 느낄 수 있는 과제다.

반대로 아무리 공부를 잘해도 인성이 좋지 않으면 사회생활을 건강하게 이어가기 어렵다. 동료를 존중하지 않고, 약자를 무시하고, 공동체 규범을 가볍게 여기는 사람은 결국 주변에 상처를 남긴다. 우리 사회를 뒤흔든 여러 정치적·사법적 사태를 보면, 그 중심에 선 사람 중 상당수가 이른바 엘리트 코스를 밟은 이들이었다. 시험은 잘 봤지만, 공감 능력과 책임 의식, 윤리적 상상력은 시험지에서 측정되지 않았던 것이다. 바로 이 지점이 현재 교육이 바꾸어야 할 핵심이라고 본다.

나는 대학에서 직원이나 조교를 채용할 때도 면접에서 성실성과 인성을 가장 먼저 봤다. 서류에는 화려한 스펙이 적혀 있지만, 실제로 함께 일할 사람을 뽑을 때는 "이 사람과 같은 공간에서 하루를 보내고 싶을까?", "어려운 상황이 왔을 때 책임을 회피하지 않을 사람일까?"를 물었다. 능력은 교육과 훈련으로 얼마든지 키울 수 있다. 그러나 타인을 배려하지 않는 태도, 거짓말을 쉽게 하는 습관, 책임을 남에게 미루는 성향은 어린 시절부터 형성된 것이기에 나중에 바꾸기가 매우 어렵다. 그래서 나는 인성 교육을 '교육의 첫 단추'라고 부른다.

입시 기계로 아이들을 몰아넣는 교육에서 사람을 살리는 교육으로 방향을 틀기 위해서는 이 첫 단추를 단단히 채우는 일이 필요하다. 아이들이 운동장에서 뛰놀며 규칙을 배우고, 공연을 준비하며 서로의 재능을 존중하고, 봉사활동을 통해 타인의 고통에 공감하는 경험을 해야 한다. 그렇게 몸과 마음이 함께 성장할 때, 공부 역시 자연스럽게 그 위에 쌓인다.

결국 교육의 목표는 더 많은 1등을 만드는 데 있지 않다. 각자의 자리에서 자기답게 살아갈 수 있는 사람, 함께 살아갈 줄 아는 시민을 길러내는 데 있다. 입시 기계에서 사람으로, 경쟁의 도구에서 공동체의 일원으로 아이들을 돌려놓는 것. 그것이 내가 꿈꾸는, 그리고 우리가 함께 만들어가야 할 교육의 방향이다.

4장

흙길을 달려 박사가 되기까지

낮은 곳에서 길러진 기질

내가 살아온 길을 돌아보면, 유난히 '흙'과 함께한 기억이 많다. 서산의 흙길은 단순한 길이 아니라 나를 만들고 내 삶의 방향을 정한 첫 교과서였다. 아침이면 쇠꼴 먹이는 냄새가 마당에 퍼졌고, 저녁이면 밭에서 돌아오는 사람들의 발자국이 동네 전체를 물들였다. 나는 돕고 베푸는 일은 자연스럽지만, 도움을 부탁하는 일에는 서툰 아이였다. 도움을 받는 일은 늘 조심스러웠고, 남에게 피해 주지 않겠다는 마음은 어린 나를 길들였다. 정직하게, 선하게, 남의 것 탐내지 않고 나쁜 짓은 하지 말자는 삶의 규칙은 그때 이미 결정되어 있었다. 원칙을 고집하는 성격도, 청탁을 거절하는 삶도, 권력과 거리를 두려는 태도도 사실은 모두 그 시절 흙길에서 배운 자연스러운 본능 같은 것이었다.

양심을 먼저 두고 살아온 기질의 뿌리

나는 1958년생 개띠다. 어린 시절의 시골은 지금과 비교할 수 없을 만큼 공동체적이었다. 이웃에 수저 몇 개가 있는지 서로 알 정도였고, 음식을 나누는 일은 너무나 당연했다. 하지만 나는 남에게 부탁하는 일만큼은 쉽지 않았다. 이웃에 떡을 돌리는 건 좋아했지만, 부모님 심부름으로 삽 하나 빌리러 가는 건 망설였다. 도움을 받기보다 도와주는 쪽에 서고 싶었던 마음, 피해는 주지 않되 정직하게 살자는 태도는 그때 형성된 것이다.

나는 지금까지 1원도 대출받지 않고 살았다. 카드값도 미루지 않았고, 외상은 더더욱 하지 않았다. 그러던 내가 처음으로 공공연하게 "도와달라"고 말한 게 문재인 대통령이 대선에 나섰을 때였다. 평생 남에게 부담을 주지 못하던 내가 명함을 들고 사람들을 찾아다닌 것은 그만큼 간절했고 진심이었기 때문이다. 나의 사리사욕과는 거리가 멀었다.

나는 오래전부터 무언가에 기대서 살겠다는 생각을 하

지 않았다. 참여정부 시절 동서가 민정수석으로 있을 때는 더욱 조심했다. 대통령이나 권력의 핵심에 있는 친인척이 정치에 개입할 때 나라에 어떤 일이 벌어지는지 우리는 역사를 통해 봐 왔다. 김영삼 대통령의 아들 문제, 박근혜 대통령과 최순실 사건까지 얼마나 많은 비극이 벌어졌던가. 나는 그 비극을 목격하며 내 삶의 원칙을 더 세게 붙잡았다.

사실 참여정부 때부터 유혹이 적지 않았다. 정치를 해보지 않겠느냐, 비례대표 생각이 없냐 등등 여러 제안이 왔다. 그러나 나는 정치보다는 교육이 맞았다. 교육과 관련된 일이라면 교수직을 잠시 쉬고서라도 할 생각이 있었지만, 동서가 이미 공적 자리에서 권력을 지니고 있었기에 그마저도 조심스러워졌다. 문재인이라는 사람의 존재가 내 진로 선택에도 영향을 준 것이다.

그래서 지금 교육감 선거운동을 하는 내 모습을 보고 후배 교수가 "선배님이 이런 일 하실 줄 몰랐습니다"라고 말했을 때, 나도 놀랐다고 대답했다. 성격에도 맞지 않는 일을 하면서 버티는 이유는 단 하나다. 무너지는 대전 교육을 그냥 지켜보고만 있을 수 없다는 절박함 때문이다.

권력에 욕심이 없었다. 나는 교수가 최고의 직업이라고 믿었고, 후배들에게도 그렇게 말했다. "교수로 잘하면 총리도 갈 수 있다"는 말까지 농담처럼 했다. 명예만으로 충분했기에 권력을 탐할 이유가 없었다. 그런데도 동서가 대통령이라는 이유로 나는 끊임없이 공격받았다.

대표적인 것이 대전 테크노파크 비상임이사 논란이다. 대통령 당선 전부터 맡고 있던 자리였고, 회의에 참석하면 10만 원 주는 사실상 봉사직이었다. 그런데 '대통령 동서 특혜'라는 보도가 나왔다. 체육 전공 교수가 왜 테크노파크 이사를 하느냐고 시비도 걸렸다. 당시 테크노파크가 스포츠 산업 프로젝트를 추진하고 있었다. 그 때문에 관련 전문가가 필요했다. 테크노파크 원장이 이런 이유로 지역에서 전문가인 나에게 요청해서 맡은 일이었다. 그런데도 사실 관계는 중요하지 않았다. '동서'라는 이름이 달리면 모든 것이 의심으로 변했다.

그래서 나는 더욱 겸손해졌다. 대학에서 부총장을 할 때조차 사람들은 "대통령 동서가 저렇게 고개를 숙이고 다닌다"고 했다. 하지만 나는 그것이 옳다고 믿었다. 겸손은 체질이 아니라 흙냄새를 맡으며 길러진 생존 방식이었다.

흙에서 숨을 쉬며 다시 사람이 되는 시간

권력의 그림자는 사람을 조용히 지치게 만든다. 하지만 나는 그 무게를 풀어낼 곳을 찾았다. 바로 흙이었다. 태안의 주말농장은 나에게 단순한 쉼터가 아니라 '사람의 자리'로 되돌아가는 통로였다. 금요일이면 아내와 함께 농막으로 향했고, 주말 내내 흙을 일구었다. 삽질을 하고, 물을 주고, 벼를 만지면 도시에서 축적된 스트레스가 서서히 풀렸다. 누군가에게는 노동처럼 보였겠지만, 나로서는 스트레스를 풀고 위로받는 시간이었다.

문재인 대통령도 퇴임 후 몇 차례 이곳에 왔다. 그는 말수가 적은 편이지만, 흙 앞에서는 말이 필요 없었다. 둘이 나란히 벼를 만지고, 땅을 고르고, 바람 부는 소리를 듣는 것만으로도 충분했다. 흙은 권력도 소음도 몰랐다. 그 자리에서는 대통령도, 대통령의 동서도 아니었다. 그저 땀 흘리는 '사람'일 뿐이었다.

이 경험은 내게 아주 큰 의미를 주었다. 권력의 한가운데 있으면 사람은 자신이 누구였는지 잊기 쉽다. 그러나 흙 앞에서는 누구든 '본래의 나'로 돌아간다. 나는 그곳에서 겸손을 다시 배우고, 원칙을 지키자는 뜻을 새로 다질 수 있었다. 땅을 갈다 보면 생각이 단순해지고 마음이 가벼워졌다. 비난과 오해로 뒤엉킨 날에도 농장으로 가면 풀리는 이유가 바로 그것이었다.

흙은 정직하다. 노력한 만큼 돌아오고, 속일 수 없으며,

아무리 높은 사람도 다시 낮은 곳에서 시작하게 한다. "인간이 가장 낮아진 자리에서 비로소 자신을 발견한다"라는 말이 있다. 나는 그것을 흙에서 실감했다. 나는 흙에서 숨을 쉬었다. 흙에서 나를 회복했고, 흙에서 다시 다음 길을 생각했다.

문 대통령이 퇴임 후 농장에 왔을 때, 그는 권력에서 벗어났지만 여전히 무거운 책임을 지고 있었다. 농장에서 함께 땀을 흘리는 동안, 나는 그의 책임과 고독을 조금은 이해하게 되었다. 권력의 중심에서 벗어나도 마음은 완전히 자유롭지 않은 것이다. 그래서 더욱 겸손해야 하고 더욱 단단해야 한다는 생각이 들었다.

오히려 농장에서 그와 같은 속도로 호흡하며 깨달았다. 지도자의 삶이란 소음 속에서도 중심을 잃지 않는 일이며, 그 중심은 화려한 자리에서가 아니라 흙 같은 '낮은 곳'에서 만들어진다는 사실이다. 그 곁에서 지내온 나는 자연스럽게 그 철학을 삶의 태도로 삼았다. 흙은 나에게 단순히 스트레스를 푸는 공간이 아니라 앞으로의 삶에서 무엇을 지켜야 하는지 잊지 않게 만드는 마음의 기준이 되었다.

사람들은 인생을 돌아보며 "그때 그 선택이 나를 만들었다"고 말하곤 한다. 내 삶에서 그런 순간을 꼽으라면 두 장면이 겹쳐 떠오른다. 하나는 모두가 '거긴 교수들 자리'라며 만류하던 체육학 박사과정에 세 번째 도전장을 내밀던 순간이고, 다른 하나는 교실이 서서히 붕괴되어 가는 모습을 목격하며 교육감 선거 출마를 진지하게 고민하기 시작한 때다. 첫 번째 장면은 개인의 한계를 시험하는 도전이었고, 두 번째 장면은 공적 책임을 스스로에게 묻는 결심이었다. 겉으로 보기에는 전혀 다른 두 사건 같지만, 내 안에서는 같은 질문으로 이어져 있었다.

"여기에서 한 걸음 더 나아갈 것인가, 아니면 이쯤에서
물러설 것인가."

불가능해 보이는 길 앞에서 돌아서지 않고 끝까지 가보
기로 선택한 그 시간이 지금의 나를 만들었다.

없던 길을 먼저 가서 된 한체대 1호 박사

한체대 출신 1호 박사가 되기까지 나를 밀어 올린 지도와 인
연들이 있다. 당시의 시간은 "기회는 준비된 사람에게 온다"
는 말의 진짜 의미를 알게 된 시간이었다. 한국체육대학교에
서의 학부 생활이 내게 예기치 않았던 행운이었다면, 대학원
으로 가는 길은 거의 '불가능을 뚫고 가는 과정'이었다. 대학
에 처음 입학했을 때만 해도 나는 그저 가난한 집 아들로 여
기까지 온 것만으로도 감사하다고 생각했다. 그리고 졸업 후
교사가 되는 것을 인생의 목표로 삼고 있었다.

한체대는 개교 역사가 짧아 석사 과정이 없었다. 그래서
나 역시 그냥 학부 졸업 후 교사가 되는 것을 최우선으로 생
각하고 있었다. 그런데 마침 내가 졸업할 무렵, 학교가 드디
어 석사 과정 1기를 모집한다는 소식이 들렸다. 한체대에서

처음으로 석사 체육학 전공을 운영하는 것이었고, 경쟁은 당연히 치열했다. 기대는 크지 않았지만, 이왕 받은 행운을 한 번 더 믿어 보기로 했다. "여기까지 온 것도 기적 같은데, 한 번만 더 걸어가 보자" 하는 마음으로 도전했다.

그렇게 굳은 각오로 열심히 노력한 덕분에 석사 과정을 밟을 수 있었다. 나는 한체대 석사 1기로 입학했다. 1기라는 숫자는 설렘이자 부담이었다. "우리가 잘해야 뒤에 오는 사람들도 길이 열린다"는 일종의 사명감마저 느끼기도 했다. 선배가 없는 길을 걸어가는 사람만이 느끼는 막막함과 책임감이 뒤섞여 있었다.

한체대 입학이나 석사 학위를 받은 나에게 도전의 기회가 또 한 번 기다리고 있었다. 아직 한체대 출신 박사가 없었는데, 나는 그 과정에 도전하기로 결심했다. 당시 나는 평범하게 시간강사를 하며 지냈다. 강의 시간을 채우고, 논문을 읽고, 생활비를 아끼며 버티는 일상에서 박사과정은 그야말로 '딴 세상 이야기'처럼 들리기도 했다.

그런데 그 무렵 마침 몇몇 대학이 체육학 박사과정을 신설하기 시작했다. 내가 석사 졸업할 때는 국내 체육학과에 박사과정이 없었다. 그래서 체육과 교수들이 다 석사 출신이었다. 그래서 나도 시간강사를 하고 있었던 것이다.

체육학과에 생긴 박사 과정에 나도 관심을 가지게 됐다.

하지만 교수 아닌 사람은 박사과정에 들어가는 것 자체가 거의 불가능했다. 나 같은 시간 강사들에게는 하늘의 별 따기였던 셈이다. "교수도 아닌데, 네가 어떻게 그 자리에 들어가냐"는 말이 여기저기서 들려왔다. 하지만 누군가는 처음 문을 열어야 한다. 모두 고개를 젓는다고 해서 스스로 고개를 숙일 필요는 없다고 생각했다. 그래서 나는 결국 도전을 선택했다.

시험은 영어와 국어. 체육 전공이라고 해서 운동능력만 평가하지 않았다. 오히려 이 두 과목이 승부를 가렸다. 나는 영어에는 자신이 있었다. 고등학교 시절, 영어만큼은 전국 최상위권이었고, 만약 다른 과목만 받쳐줬다면 SKY도 가능했다는 이야기를 들을 정도였다. 실제로 한체대 본고사에서도 영어와 국어 성적이 합격의 열쇠였다.

운동장에서 땀 흘리던 학생이 교실에서는 영어 시험에서 두각을 나타내는 모습이 어딘가 낯설게 보였을지 모르지만, 내 안에서는 학문에 대한 갈증과 몸으로 익힌 훈련의 태도가 자연스럽게 이어져 있었다. 체육은 몸만 쓰는 학문이 아니라 몸을 통해 인간을 이해하는 학문이라는 믿음도 그때부터 조금씩 자라나고 있었다.

하지만 박사과정 입시는 녹록하지 않았다. 두 번의 낙방. "내가 교수도 아닌데, 이 시험에 어떻게 붙을까" 하는 생각이 고개를 들기도 했다. 시험장 문을 나설 때마다 내 발걸음은 도전의 무게와 좌절의 씁쓸함을 동시에 안고 있었다. 두 번째 떨어졌을 때는 스스로에게 이런 질문도 던졌다. "여기까지가 한계일까? 이 정도면 많이 한 것 아닐까?" 그러나 이상하게도 포기할 마음은 들지 않았다. 몸은 지쳐 있었지만, 마음은 아직 '끝'이라는 말을 준비하지 못하고 있었다.

세 번째 도전 끝에 마침내 합격 통보를 받았다. 합격 소식을 들었을 때의 벅찬 느낌은 지금도 잊을 수 없다. 눈물이 날 만큼 기쁘면서도 한편으론 '이제부터가 진짜 시작'이라는 묵직한 책임감이 함께 밀려왔다. 그리고 나는 한체대 출신 1호 박사가 되었다. 누군가는 불가능이라 했던 길이었고, 나 자신도 수없이 흔들렸던 길이었다. 그러나 끝까지 포기하지 않고 걸어가자 길이 열렸다.

돌이켜보면 이 과정은 '불가능해 보이는 문을 두드릴 용기'와 '버텨내는 힘'이 만나 만들어낸 결과였다. 어떤 사람은 이를 운이라고 부를지 모른다. 하지만 나는 믿는다. 그 운은 결코 그냥 굴러들어 온 것이 아니라 오랜 시간 묵묵히 쌓아온 준비와 포기의 순간마다 다시 일어선 선택의 결과라고 말이다. 이 경험은 이후 내 삶의 선택 기준이 되었다. 교육이 무너져 가는 현실을 보며 교육감 출마를 고민할 때도 나는 이때의 기억을 떠올렸다. 불가능해 보여도 누군가는 먼저 나서야 길이 열린다는 깨달음이었다.

무너진 교실을 보며 또 한 번 도전에 나서다

나는 평생을 교육자의 삶을 지켜왔다. 그런데 왜 이 시점에 교육감 선거를 나가려 하느냐는 질문을 꽤 받았다. 그 이유는 교육이 무너지고 있기 때문이다. 교육의 현장인 교실이 붕괴되고 있다. 교사와 학생 간의 신뢰가 무너진 것은 대학도 마찬가지다.

내가 대학에서 처음 강의하던 시절의 학생들과 최근의 학생들은 너무나 달라졌다. 강의실 뒤편에 앉아 스마트폰을 만지작거리는 학생들, 수업이 끝나자마자 "이 강의, 학점 잘 줍니까?"부터 묻는 학생들을 보며 나는 마음속으로 여러 번 한숨을 삼켰다.

서울의 상위권 대학은 어떤지 모르지만 지방 대학은 심각하다. 학생들 자체가 대학에 들어온 목적의식이 없다. 그냥 집에서 대학에 가라니까 가는 것이다. 학생들에게 초중고 때 이야기를 들어보면 교실의 모습도 확 바뀌었다. 왜 이런 일이 벌어졌을까 하고 고민했다. 그 이유는 간명했다. 우리나라는 인재상, 즉 인재의 정의가 잘못 되었기 때문이다.

인재란 무엇일까? 학교는 인재를 양성하는 기관이다. 그런데 우리나라에서 그 인재가 무엇인지 생각하면 오로지 한 가지 기준밖에 없다. 공부 잘하는 학생이다. 공부만 잘하면 된다. 과연 공부만 잘하는 학생이 인재라고 할 수 있을까? 지금 우리 사회는 공부만 잘하는 엘리트가 망치고 있지 않은가. 아무리 머리가 좋고 공부를 잘해도 그 능력을 사리사욕 채우는 데 쓰거나, 공감 능력이 떨어져 타인의 아픔을 헤아릴 줄 모른다. 머리는 뛰어나지만, 함께 살아갈 줄 모르는 엘리트들이 사회 곳곳의 결정권을 쥐고 있는 현실을 보며 나는 자주 씁쓸함을 느꼈다.

극단적인 양극화 사회, 사익에만 몰두하는 엘리트층은 그냥 생긴 게 아니다. 나는 공부보다 더 중요한 게 인성이라고 말하고 싶다. 지금은 오로지 학부모와 교사 모두 국·영·수 성적만 강조한다. 균형 있는 아이의 성장과 발전에는 관심 없다. 공부와 인성, 그리고 건강이 한데 어우러졌을 때 한 인격체가 성장하고 발전할 수 있다. 그러나 국어와 영어, 수학을 잘해서 의대 보내는 게 교육의 유일한 목적이 되는 현실에서 무슨 미래를 기대할 수 있을까.

우리나라 교육은 세계 최악의 경쟁으로 몰아넣고 있는 지옥이다. 학생들이 학교에 가는 것은 마치 지옥문을 향해 터덜터덜 걸어가는 것과 다를 게 없다. 지금 학생들에게 내

일 학교 가는 게 즐겁냐고 묻는다면 과연 그렇다고 말하는 학생은 얼마나 될까. 전교에서 공부 1등 하는 아이도 그렇다고 하지 않을 것이다. 아이들이 말하는 '행복'에는 친구와의 비교, 성적에 대한 불안, 부모의 기대가 겹겹이 얹혀 있다.

성인이 되고 난 뒤에도 그 지옥은 끈질기게 따라다닌다. 어느 날 갑자기 고등학교 3학년으로 돌아가는 악몽을 꾸는 것이다. 마치 군대 갔다 온 사람이 다시 입대하는 꿈을 꾸는 것처럼 치를 떤다. 이게 우리나라 교육의 부끄러운 현실이다. 온갖 숙제와 학원 뺑뺑이까지 해야 하는 아이들의 얼굴을 보면 푸르고 싱싱해야 할 기색이 사라졌다. 교육은 아이들에게 미래를 주어야 하는데, 오히려 오늘을 빼앗고 있는 것은 아닌지 스스로 묻게 된다.

독일은 숙제도 제한되어 있다. 법적으로 초등학교 1학년은 1시간 이내에 할 수 있는 숙제만 낼 수 있다. 그리고 휴일에는 숙제를 안 낸다. 이렇게 교육한다고 해서 독일이 뒤처지는 나라인가. 오히려 우리가 부러워하는 정치, 사회, 경제의 모델로 주목하고 있다. 나는 독일 교육 이야기를 들을 때마다 "우리는 왜 아이들을 더 많이, 더 힘들게 시켜야만 경쟁력을 가질 수 있다고 믿을까?'라는 질문을 떠올렸다. 경쟁과 스펙에 대한 강박이 우리 스스로를 가두고 있는 건 아닌지 돌아보게 된다.

오래전부터 이런 생각을 하고 있었다. 그러나 교육감 출마는 생각하지 않았다. 나는 어디까지나 강단과 연구실을 지키는 사람이라고 여겼다. 그러던 차에 대학 입학처장을 하면서 고등학교를 많이 방문했을 때 현장의 고충을 실감하게 되었다. 그때 교장 선생님이나 부장 선생님들이 나에게 출마 권유를 많이 했다. 그저 덕담이나 오가는 줄 알았는데 그때부터 말이 돌기 시작했다. 학교 현장에 있는 분들 사이에서 내가 교육감으로 출마한다고 말이다.

이런 이야기가 자꾸 돌고 급기야 언론에 보도되었다. 차츰 출마 소문이 나의 의지와는 무관하게 퍼지자, 나도 고민할 수밖에 없었다. 여기저기서 전화가 몰려오기 시작했다. 어느새 나도 모르게 '한번 해볼까?' 하는 생각이 들었다. 그러자 아내가 한마디 했다.

"당신 '난가병'에 걸렸어. 조심해."

'이번에는 혹시 난가?' 하며 자기 인식에 착각이 더해진 병에 걸렸다는 것이다. 요즘 유행하는 말인데 아내는 내가 그 병에 걸렸다며 핀잔을 줬다. 농담 섞인 그 한마디에도, 나는 잠시 웃다가도 다시 마음을 다잡았다. '그래, 내가 착각하는 것일 수도 있어. 진짜로 필요한 건 나 자신을 향한 냉정한 질문일지도 몰라' 하고 고민을 이어갔다.

아내의 핀잔에도 고민은 계속됐다. 그러다가 최종 결정

은 문 대통령과 해야겠다고 생각하고 양산으로 내려갔다. 나는 문 대통령이 퇴임한 뒤로 한 달에 한두 번 내려가서 저녁 식사를 함께하곤 했다. 매달 별다른 일 없이 가족끼리 식사하는 자리였지만 이번에는 중요한 자리였다. 아내와 함께 문 대통령 내외와 밥 먹으면서 출마 이야기를 꺼내려 했다. 그런데 문 대통령이 먼저 이야기를 꺼냈다.

"김 교수, 이번에 교육감 선거 나온다고 하던데?"

"아, 그렇지 않아도 형님께 상의드리려고 왔습니다."

벌써 소문이 문 대통령 귀에까지 들어갔었다.

"형님, 그런데 아내가 너무 반대가 심합니다. 애들도 그렇고요."

"와 반대하는데? 적극적으로 밀어야지. 김 교수라면 충분히 자질이 있는데."

문 대통령은 오히려 나서서 나를 지지해 줬다. 당시 나는 문 대통령이 조금이라도 꺼리면 깨끗하게 출마 생각을 접으려 했다. 하지만 나를 지지해 준다는 말씀에 용기를 얻어 출마를 결심했다. 그 말은 '정치적 지원'이라기보다 내가 평생 지키려 했던 교육철학을 실천해 보라는 격려처럼 들렸다.

문 대통령의 권유가 큰 힘이 됐지만 이번 출마는 전적으로 나의 의지다. 나는 평소 책임감을 중요하게 여긴다. 뭔가 하더라도 대충해본 적이 없다. 교육 현장에 있을 때도 마찬가지였다. 학생들을 끝까지 책임진다는 사명으로 가르쳤다. 한번은 아들이 내게 이렇게 말했다.

"아버지, 대학에서 강의할 때 학생들 졸면 혼내지 마세요. 그냥 아버지 혼자 떠들고 나가세요."

나는 문제가 있으면 그냥 지나치지 못한다. 40년 동안 느낀 우리나라 교육의 문제, 내가 생각했던 교육 정책 등을 대전시 교육에 녹여내고 싶다. 그러기 위해서는 교육감이 되어 직접 실행에 나서야만 한다는 게 출마 결심의 배경이다. 내가 아무리 신문 칼럼이나 모임에서 떠들어도 실제 현장이 바뀌지 않는다면 무슨 소용이 있겠는가. 그럴 바에 내가 대전 교육의 수장이 되어 제대로 한번 해보자는 결심을 했다.

한체대 1호 박사가 되기까지 불가능해 보이는 길을 포기하지 않았던 경험이, 무너진 교실 앞에서 나를 다시 한번 앞으로 내몰았다. 개인의 도전을 통해 쌓아 올린 힘을 이제는 아이들과 교실, 그리고 대전 교육을 위해 쓰고 싶었다. 불가능해 보이는 교육 개혁일지라도 누군가는 먼저 책임을 지고 그 길을 걸어가야 한다. 나는 그 길을 선택한 사람으로서 끝까지 버티고, 끝까지 도전하는 일을 내 몫으로 받아들이고 있다.

내가 받은 기회를 돌려주고 싶다

인생을 돌아보면, 어떤 거창한 사건보다 한 사람의 시선이 방향을 바꿔놓는 순간이 있다. 내게는 두 사람이 그랬다. 한 분은 체육인의 길이자 학문의 길을 열어주신 스승, 이경재 교수님이다. 그분의 강의실에서 나는 "교사가 아니라 연구자로 살아볼 수 있겠다"는 생각을 처음 품었다. 또 한 분은 서산의 흙길을 밟으며 우리 형제를 키워낸 어머니다.

스승은 내 안에 숨어 있던 가능성을 먼저 보았고, 가족은 그 가능성이 꺾이지 않도록 가장 밑바닥에서 떠받쳐 주었다. 그래서 지금의 나를 설명할 때, 화려한 이력보다 먼저 떠오르는 얼굴들은 늘 비슷하다. 연구실 불을 꺼주던 교수님, 새벽마다 밭으로 나가던 어머니. 내가 교육을 말할 때마다 목이 메는 순간이 있는 이유도 결국 그 얼굴들 때문이다. 교육은 제도나 정책 이전에 결국 사람의 얼굴을 하고 다가온다는 것을 나는 이들을 통해 배웠다.

호루라기를 내려놓고 책을 들게 한 스승

내 인생의 진로를 교육의 길로 결정짓게 한 분은 바로 이경재 교수님이다. 나에게 "이 분야는 해볼 만하다"라는 마음이 처음 생긴 순간을 만들어주신 분이다. 원래 나는 중·고등학교 체육 교사가 되는 것이 꿈이었다. 한체대는 개교 초창기부터 모든 학생에게 교직과목 이수를 의무화했다. 군대에서도 체육 장교로 진출시키겠다는 구상도 있었고, 운동선수들이 은퇴 후 갈 수 있는 길을 보장하기 위해 교사 자격증을 필수로 만들었다. 그래서 4학년이 될 때까지 나는 자연스럽게 교직의 길을 준비하고 있었다. "졸업하면 중고등학교 체육 선생님이 되고, 아이들과 운동장에서 땀을 흘리며 사는 삶." 그것이 내가 그리던 인생의 그림이었다.

그런데 어느 날, 서울대 출신으로 강원대에서 활동하던 이경재 교수님이 우리 학교로 부임해 오셨다. 내가 전공한 운동생리학 분야의 권위자였고, 그의 강의는 그야말로 충격에 가까웠다. 이전까지의 수업이 '지식 전달'에 가까웠다면, 이경재 교수님의 강의는 살아있는 '지적 모험' 같았다. 근육이 에너지를 쓰는 방식, 운동 후 피로가 회복되는 과정, 심폐기능이 훈련을 통해 어떻게 변하는지에 대한 설명은 내 안에 숨어 있던 호기심을 한꺼번에 깨웠다. 그때 처음으로 배움이 재미있다는 감정을, 그것도 단순한 흥미가 아니라 가슴 깊은 곳에서 솟는 즐거움으로 느꼈다. "아, 이 분야는 평생 해볼 만하겠다."

그 깨달음은 나의 진로를 송두리째 바꿔놓았다. 운동장이 아니라 연구실에서, 호루라기 대신 책과 연구를 평생 함께하는 삶을 상상하게 된 것이다. 마침 졸업을 앞두고 석사 과정이 신설되었고, 나는 새벽 두세 시간 정도만 자며 영어 공부에 몰두했다. 운동선수 중심의 학교였기에 밤 11시가 되면 기숙사 불이 모두 꺼졌다. 그래서 나는 조교 선배 방에 들어가 공부했다. 그 방만은 새벽까지 불이 켜져 있었기 때문이다. 모두가 잠든 캠퍼스에서 홀로 책장을 넘기는 소리는 내 인생에서 처음 맞이한 '자기 선택'의 소리였다.

그렇게 공부해 석사 시험을 통과했을 때, 내 마음속에는 이미 교사가 아닌 '연구자'라는 새로운 꿈이 자리 잡기 시작했다. 주변 사람들은 "굳이 고생길을 왜 택하냐"고 말했지만, 이상하게도 힘들다는 생각보다 설렘이 컸다. 대학원에 진학하던 시절만 해도 보통은 직장을 다니면서 공부해도 충분히 학위를 받을 수 있었다. 낮에는 학교나 기관에서 일하고, 밤에는 대학원에 와서 수업을 듣는 방식이 일반적이었다. 나 역시 그런 길을 생각하고 있었다. 그런데 석사 입학 후 얼마 지나지 않아 이경재 교수님이 나를 연구실로 불렀다.

"한수야, 너는 둘 중 하나를 선택해야 한다. 학교로 공부하려고 들어왔고, 또 대학교수가 되려면 학교에 전일제로 집중해라. 풀타임으로 공부할 생각이 없으면 나도 지도교수를 안 맡겠다. 너도 그냥 직장으로 가라."

그 순간 나는 갈림길에 서 있었다. 직장을 잡아 경제적 안정을 선택할 것인가, 아니면 교육자로서의 새로운 길을 향해 모험을 감수할 것인가. 교수님은 잠시 나가서 생각하고 오라고 했지만, 고민은 길지 않았다. 내 안에서는 이미 답이 나와 있었다.

"교수님, 직장은 포기하겠습니다."

그 후부터 나는 교수님의 연구실에서 풀타임으로 지내며 연구자의 삶을 몸으로 익혔다. 아침 일찍 연구실 문을 열고 커피를 내려놓고 교수님을 기다리는 것이 하루의 시작이었다. 실험과 분석은 대부분 밤늦게 끝났고, 새벽 서너 시가 되어서야 "교수님, 오늘 실험 마쳤습니다"라고 교수님께 전화를 드리곤 했다.

그러면 교수님은 다음 날 아침에 내 얼굴을 보며 웃으면서도 이렇게 말씀하셨다. "한수야, 얼굴빛이 왜 이렇게 좋아? 그렇게 공부해서 내가 너 졸업시킬 것 같냐?" 겉으로는 꾸중 같았지만, 다른 제자들에게는 이렇게 말하고 다니셨다고 한다. "한수는 이미 내 수준에 와 있는 아이야. 지금 강의해도 손색없다."

스승은 꾸지람 뒤에 늘 믿음을 숨겨 놓고 있었다. 그 믿음이 있었기에 나는 밤늦은 연구실에서 포기하지 않을 수 있었다. 석사 과정 동안 나는 그분에게서 연구자의 자세를 배웠다. 실험 과제를 수행하면 교수님은 연구비 계좌까지 직접 나에게 맡겼다. 연구비가 남으면 작은 파티를 열거나 장학금으로 내게 건네주셨다. 풀타임으로 공부하던 내게는 그 모든 것이 엄청난 배려였다. 그 배려 속에서 나는 단순히 '학위 하나를 따는 학생'이 아니라 '함께 연구를 만들어가는 동료'로 성장하고 있다는 자부심을 느꼈다.

가장 기억에 남는 일은 학위 논문을 쓰던 겨울이다. 하숙집 연탄 방은 너무 추웠다. 새벽마다 방 안에 흰 입김이 나올 정도였다. 어느 날 교수님이 말했다. "태릉장 여관에 가서 쓰게. 따뜻해서 집중될 거야." 여관비를 걱정했지만 교수님은 이미 일주일 치 숙박비를 계산해 두었다. 퇴근길에는 과

일 봉투를 들고 나타나 "이거 먹으면서 해라"라고 건네셨다. 밤마다 원고를 검사하고, 아침이면 또 연구실에서 나를 맞았다. 그분의 행동은 말보다 더 강렬한 가르침이었다.

돌아보면 나는 특별한 재능을 가진 사람이 아니었다. 그러나 스승은 나에게 '가능성'을 보았고, 그 가능성을 끝까지 믿어주었다. 한체대 1호 박사가 될 수 있었던 이유는 단지 내 노력만이 아니다. 어떤 시대의 결단, 석사와 박사과정을 신설하겠다는 학교의 실험 정신, 그리고 무엇보다 "이 학생은 해낼 수 있다"고 말해준 스승의 시선이 모여 내 삶의 길을 만들어준 것이다. 그래서 나는 지금도 교육을 말할 때마다 마음속으로 다짐한다. 언젠가 누군가에게 나도 그런 스승이 되어야 한다고 말이다. 한 사람의 인생을 바꾸는 것은 거창한 제도보다 때로는 단 한 사람의 믿음이라는 것을 이경재 교수님이 몸소 보여주셨기 때문이다.

받은 도움을 돌려주는 마음이 교육이다

부모님은 서산에서 농사를 지었다. 특별한 일을 하신 분들은 아니었지만, 대한민국에서 가장 부지런한 부부라고 나는 지금도 말할 수 있다. 새벽부터 움직이고, 늦게까지 일손을 놓지 않던 분들이다. 논밭을 오가며 흙 묻은 손으로 김이 모락모락 나는 밥상을 차려 내던 그 일상이 어린 나에게는 '성실' 그 자체였다.

아버지는 내가 중학교 1학년 때 세상을 떠나셨다. 너무 이른 이별이었다. 그 시절 시골에서 '아버지 없는 집'이라는 말은 은근한 낙인이었다. 괜히 기가 죽고, 어디서든 더 성실해야 한다는 압박감이 따라붙었다. 그래서 나는 마음속으로 다짐했다.

"나는 우리 어머니 욕 먹이지 말아야 한다."

그 생각이 어린 시절 마음에 품었던 가장 강렬한 다짐이었다. 나는 말썽을 부리지 않았다. 성실하게 공부했고, 책임감을 잃지 않으려 애썼다. 어린 나이에 품기엔 무거운 다짐이었지만, 그 다짐이 나를 지금까지 이끌어온 힘이기도 하다.

어머니는 아버지 못지않게 강한 분이었다. 부지런하고, 깔끔하고, "우리 집 밭보다 옆에 있는 밭이 더 잘되는 꼴은 못 본다"는 경쟁심도 있었다. 아버지가 세상을 떠난 뒤 어머니는 농사도 짓고, 닭도 키우고, 집안을 꾸려가며 사실상 홀로 우리 형제들을 길러냈다. 쌀 한 톨, 달걀 한 알이 얼마나 귀한지 우리는 어머니의 손을 통해 배웠다.

내가 한체대에 들어갔을 때, 국비지원 제도가 아니었다면 우리 형편으로는 대학교 진학은 꿈도 못 꿀 일이었다. 전액 국비지원 덕분에 등록금 걱정 없이 공부할 수 있었다. 그래서 지금도 종종 그런 생각을 한다.

"그건 정말 하느님이 열어주신 길이었다."

우리 형제는 유난히 공부를 잘했다. 나는 서산중학교 369명 중 6등으로 졸업했고, 남동생은 초등학교 때부터 줄곧 전교 1등을 놓치지 않는 아이였다. 서산에서 공부 잘하는 학생들이 가는 길은 정해져 있었다. 전국에서도 손꼽히던 명문이었던 대전고등학교로 진학하는 것이다. 동생은 그 길에 들어갔다. 대전고에서는 매년 200명 가까이 서울대에 보내던 시절이었으니 그 학교에서 상위권을 유지한다는 건 대단한 일이었다.

그런데 동생이 3학년이 되었을 때, 하숙집에서 만난 여자 친구 때문에 공부에 집중하지 못했다. 성적이 크게 떨어졌고, 결국 원하는 대학에 가지 못했다. 자존심이 센 동생은 이렇게 말했다. "형, 그런 대학은 못 다닌다." 그 말을 한 동생은 학교를 그만두고 군대에 갔다.

제대한 뒤 동생은 내게 찾아와 학원비를 도와달라고 했다. 그때 나는 시간강사로 일하고 있었는데, 강의량이 많아 수입은 나름 괜찮았다. 그래서 흔쾌히 도와주었다. 동생이 다시 한번 도전해 보고 싶다는 마음을 꺾고 싶지 않았다. 그 후 동생은 1년 재수 끝에 명지대 법학과에 들어갔다. 그런데 또 찾아와 말했다. "형, 나 한 번만 더 해볼게."

어머니에게는 동생이 명지대에 다니는 걸로 말해두었다. 괜한 걱정을 드리고 싶지 않았다. 그러나 서울에 사는 누나가 기숙사를 찾아갔다가 동생이 없다는 사실을 알게 되었다. 난리가 났다. "한수야, 학교에 갔는데 글쎄 그 애가 학교를 안 다닌대. 애가 없어!" 나는 누나에게 말했다. "잠깐만 기다려. 어머니에겐 얘기하지 마."

동생은 결국 1년 더 재수해서 한양대학교 법학과에 들어갔다. 내신이 바닥이었음에도 실력 하나로 합격한 것이다. 사법고시를 준비하는 동안에도 나는 기꺼이 지원했다. 끝내 동생은 시험에 합격하지 못했지만, 지금도 그는 늘 내 아내에게 감사의 말을 한다. "형수님이 아니었으면 저는 대학도 못 갔습니다."

형이라는 자리가 때로는 무거웠지만, 그 무게가 나를 성장시켰다는 사실을 그때 나는 처음 배웠다. 내가 받은 기회와 도움을 동생에게 나눠주는 일이 그냥 가족 간의 의리를 넘어 "교육이 한 사람의 인생을 어떻게 바꿀 수 있는가"를 내 삶으로 시험해 보는 경험이기도 했다.

우리 집은 어렵게 살았다. 아버지의 부재, 농사 외의 수입이 없는 집, 어머니 혼자 세 자녀를 키워야 하는 상황이 현실을 짓눌렀다. 그런 현실에서 내가 국립대, 그것도 전액 국비 지원을 받는 한국체육대학교에 갈 수 있었다는 사실은 지금도 설명하기 어렵다. 그 길이 열려 있었기에 나는 학부를 다닐 수 있었고, 석사를 할 수 있었고, 결국 박사까지 마칠 수 있었다. 나아가 동생까지 대학을 마치고, 인생의 방향을 잡을 수 있었다.

부모님이 보여준 부지런함과 책임감, 어머니가 혼자 버티며 지켜낸 가족의 일상, 동생에게 느꼈던 형으로서의 의무감, 그리고 삶의 중요한 순간마다 열려 있던 문들이 지금의 나를 만든 토대다.

이제 나는 받은 도움을 다시 돌려주는 교육을 꿈꾼다. 한 사람의 가능성을 먼저 알아봐 준 스승이 있었기에 나는 '교사'에서 '연구자'라는 또 다른 길을 선택할 수 있었다. 가난했지만 국비 제도가 있었기에, 어머니의 눈물을 닦아 드리면서도 공부를 계속할 수 있었다. 형의 지원을 믿고 끝까지 도전한 동생의 인생을 보며 교육이 한 사람의 자존심과 희망을 어떻게 지켜주는지 직접 목격했다.

그래서 나는 믿는다. 교육은 빚을 갚는 일이다. 내가 받은 기회와 도움, 누군가가 나를 위해 지불했던 시간과 돈과 마음을 다음 세대에게 연결하는 일이다. 스승이 내게 그랬던 것처럼, 어머니와 동생이 서로에게 그랬던 것처럼 이제는 내가 누군가의 삶을 밀어 올리는 어른이 되어야 한다. 이것이 내가 교육을 포기할 수 없는 이유이고, 교육감 선거에 나선 이유이기도 하다. 내 인생이 그랬던 것처럼 누군가에게도 "불가능이라 했던 길이 사실은 열려 있던 길이었다"는 사실을 경험하게 해주고 싶다. 그 길의 이름을 나는 '교육'이라고 부르고 싶다.

2부

체육이 가르쳐준 교육철학

5장

체육은 경쟁을 넘어 사람을 키운다

경쟁 중심 교육의 한계

우리나라 교육 이야기를 하다 보면 모든 문제의 근원은 늘 입시 제도로 모인다. 교실에서 무슨 혁신을 하든 교사가 얼마나 헌신하든, 마지막에 아이들의 운명을 가르는 것은 여전히 수능과 내신, 그리고 그 점수를 기준으로 한 대학 서열이다. 그래서일까. 교육감으로서 교육을 바꾸겠다고 말하면, 누군가는 냉소적으로 묻는다. "교육감이 할 수 있는 게 뭐가 있느냐"고 부정적으로 말하기도 한다.

우리나라 교육 자치는 이름만 자치인 경우가 많다. 중앙에서 내려오는 지침대로 대부분 시행하는 게 각 시·도 교육청의 현실이다. 이대로라면 차라리 중앙에서 교육청 수장을 임명하는 것이 더 솔직한 구조일지도 모른다는 생각도 든다.

그럼에도 내가 교육감 선거에 나선 이유는 분명하다. 지금의 경쟁과 서열 중심 교육을 이대로 두면 아이들이, 교실이, 결국 이 사회가 더 이상 버티기 어렵다고 보기 때문이다. 나는 공부를 시키지 말자는 사람이 아니다. 다만 지금의 방식으로 공부만 시켜서는 모두 패배자가 되는 나라가 될 거라는 사실을 누구보다 뼈아프게 느끼고 있다. 대학 강단에서, 입학처장으로서, 그리고 수많은 초·중·고 교실을 다니며 현장을 보고 나는 점점 확신하게 되었다. "이 경쟁과 서열의 교육, 이제는 정말 끝내야 한다"고 말이다.

경쟁이 만든 교실의 얼굴

지금 교실은 무너졌다. 교권도 무너졌고, 학생들의 인권도 무너졌다. 치열한 입시 경쟁 앞에서 인간의 권리와 도리는 뒷전으로 밀렸다. 왜 이렇게 됐을까. 최근 논란이 되고 있는 '능력주의'와 깊은 관련이 있다. 우리 사회는 학생들의 능력을 그저 국·영·수를 얼마나 잘하느냐로 가늠한다. 거기에 상대평가가 더해진다. 1등부터 100등까지 줄을 세우고, 상위 몇 프로 안에 드느냐로 인생의 첫 평가가 내려진다. 그렇다면 학교 성적의 하위권에 있는 아이들은 모두 능력이 떨어지고 부족한 아이들인가. 그 아이들은 처음부터 '패배자'로 살아야 하는가.

경쟁 우선주의와 능력주의는 우리 사회를 조용히, 그러나 심각하게 무너뜨리고 있다. 승자 독식 사회를 만드는 주범이다. 승자들은 자신이 누리는 모든 것들이 온전히 자기 실력 덕분이라 믿는다. 구조와 운, 주변의 도움은 지워지고 "내가 열심히 했으니 이 자리에 있다"는 자기 확신만 남는다.

반대로 그런 모습을 지켜보는 사람들은 굴욕감과 울분을 느끼다가 패배감에 빠진다. '나는 못난 사람'이라는 낙인이 자기 인식의 일부가 되어 버린다. 무엇보다 더 심각한 것은 능력주의와 경쟁 우선주의가 개인이 겪는 불행의 원인을 온전히 당사자의 몫으로 떠넘긴다는 점이다. 사회적인 모순과 구조적인 문제는 외면하고, "못 버틴 네 탓"이라고 말하는 사회. 그런 사회는 자살을 부추기는 사회와 다르지 않다.

나는 교수로 재직할 때 평가의 잔인함을 누구보다 가까이서 느꼈다. 성적을 줄 때가 가장 힘든 순간이었다. 절대평가라면 한 학생이 한 학기 동안 얼마나 성장했는지, 어디를 도와야 하는지에 집중할 수 있다. 그러나 상대평가에서는 그럴 수 없다. 다 A를 받을 수 있는 실력을 보여줘도 규정상 어쩔 수 없이 비율을 맞추어 A, B, C로 나눠야 한다. 학생들은 당연히 불만이 많다. "교수님, 제가 왜 C입니까?"라고 항의하는 학생에게 내가 해줄 수 있는 말은 늘 비슷했다. "네가 못해서가 아니라 너보다 더 잘하는 아이들이 위에 있어서 어쩔 수 없다"라고 말할 수밖에 없었다. 이것은 교육이 아니라 줄 세우기의 논리다.

대학도 마찬가지다. 교육부가 대학을 1등부터 꼴등까지 서열화하고, 언론이 그 서열을 확대 재생산한다. 한 번 '하위권 대학' 낙인이 찍히면, 그 학교에 다니는 학생들의 자존감은 바닥으로 떨어진다. 노력해도 "그래 봐야 지잡대"라는 말로 평가가 덮여 버린다. 학교가 무너지고, 교실이 무너지고, 아이들이 무너지는 현실이다. 이런 현실에서 학생이 교사에게 덤비고, 교사는 학생들의 고충을 외면한다. 둘 다 경쟁 체제의 피해자지만, 서로를 향해 상처를 주고받는 구조 속에 갇혀 있는 셈이다.

문제는 이런 교육 체제가 교육감 한 사람이 마음먹는다고 단숨에 바뀌지 않는다는 점이다. 교육을 진짜로 바꾸려면, 국·영·수 중심과 학교·학생 서열화를 결정하는 입시 제도를 건드려야 한다. 하지만 현재 구조에서는 교육감이 입시를 직접 손댈 수 없다. 그래서 고교학점제처럼 다른 방식의 혁신을 시도하지만, 준비가 덜 된 상태에서 밀어붙이면 현장은 곧장 혼란에 빠진다.

아이들은 실험 대상이 아니다. 교육은 실험이 될 수 없다. 특정 세대의 아이들을 새로운 제도에 던져놓고, 실패로 돌아갔을 때 그 아이들의 인생을 누가 책임질 것인가. 우리나라는 유독 교육 정책에서 시행착오가 많다. 그때마다 희생되는 아이들의 시간과 기회는 어떻게 회복할 것인가.

"교육은 실험이 아니고, 아이들은 실험 대상이 되어서는 안 된다."

이 말은 추상적인 구호가 아니다. 내가 대학에서, 현장에서 수없이 느낀 절규에 가깝다.

우리 교육은 경쟁을 넘어 인간을 세우는 교육이 되어야 한다. 그게 말처럼 쉽지 않다는 걸 알기에 나는 더 집요하게 묻고 또 묻는다.

"지금 이 구조를 그대로 두고, 과연 아이들이 참되고 바람직한 인간으로 자랄 수 있는가?"

지금의 답은 안타깝게도 '아니요'에 가깝다.

야만적 경쟁을 넘어서야 한다

우리 교육이 어디로 가야 하는지 고민할 때마다 나는 독일을 떠올린다. 중앙대 김누리 교수는 한국 교육을 두고 '야만적 경쟁 체제'라고 표현했다. 김 교수는 이러한 한국의 현실을 꼬집으며 독일의 사례를 언급했다. 독일은 제2차 세계대전의 폐허 속에서 교육으로 다시 일어선 나라다. 김 교수는 그 비결로 "입시가 없고, 서열이 없으며, 학비가 없다"는 세 가지를 꼽는다. 그러니까 교육을 경쟁의 도구로 쓰지 않겠다는 사회적 합의가 있었다는 것이다.

독일의 대학에는 우리처럼 서열을 가르는 입학시험이 없다. 자기가 무엇을 공부하고 싶은지만 분명하면, 누구든 그 길을 모색할 수 있다. 어느 대학 출신이냐보다 무엇을 전공했는지가 중요하다. 등록금도 없다. 교육은 부모의 지갑이 아니라 사회의 책임이라는 인식이 분명하기 때문이다. 그래서 독일에서 교육 제도는 경쟁을 위한 도구가 아니라 인간을 온전히 세우는 시스템으로 자리 잡았다.

이런 철학과 정책이 자리 잡은 배경에는 소위 '68혁명'이라 불리는 1968년의 변혁 운동이 있다. 젊은 세대는 과거의 권위주의와 나치 잔재를 청산해야 한다고 외쳤고, 그 과정에서 교육의 방향도 과감히 바꾸어 버렸다. 그때 이후로 독일 교실에서 교사는 더 이상 절대 권력이 아니다. 학생들은 스스로 질문하고 토론하는 주체로 인정받는다. 시민을 길러내는 교육 시스템이 정착된 것이다. 스스로 생각하고 판단하는 힘, 타인의 입장을 공감하고 토론하는 힘을 기르는 교육을 추구하고 있다.

반면 한국은 여전히 성적과 서열 중심이다. 학생은 평가받는 존재에 머물고, 교사는 감시자와 관리자 역할을 떠맡는다. 김누리 교수의 표현을 빌리면, 우리는 '교육이 아니라 훈련'을 하고 있다. 이 훈련 체제 속에서 아이들은 초등학생 때부터 피곤한 출근길 직장인처럼 학원 가방을 들고 다닌다.

나는 이런 현실을 이야기할 때마다 프랑스 〈르몽드〉가 2013년에 썼던 기사를 떠올린다. "한국 교육 제도는 가장 어렵고 고통스러우며 경쟁이 심하다"라는 제목의 이 기사는 한국인이 교육 강박증에 걸렸다고 지적하며 OECD 평균보다 훨씬 높은 사교육비, 밤 10시가 넘도록 하루 15시간 이상 수업을 받는 학생들, 세계에서 가장 불행한 학생들을 소개했다. 문제는 이 기사가 나온 지 10년이 지났지만, 마치 지금의 현실을 그대로 설명하는 기사처럼 느껴진다는 점이다. 그만큼 달라지지 않았다는 뜻이다. 청소년 자살률까지 고려하면, 이 나라의 교육이 아이를 살리는 교육이라고 말하기 어렵다.

그렇다고 내가 "공부를 시키지 말자"고 말하는 것은 아니다. 공부와 인성, 예체능이 한데 어우러지는 교육을 하자는 것이다. 나는 어릴 적 충남 서산에서 초등학교에 다녔다. 그때의 생활을 떠올려 보면, 학교 수업이 끝나면 집에 들어가기도 전에 가방부터 던져놓고 해가 질 때까지 논두렁을 뛰어다녔다. "밥 먹어라!" 하는 어머니의 부름이 있어야 겨우 집으로 돌아왔다. 그 속에서 몸은 자연스레 단단해졌고, 친구들과 부딪치며 인성도 다져졌다.

하지만 요즘 아이들은 어떤가. 초등학생 1학년도 방과 후에 학원을 네 군데 이상 다닌다. 그런데 서울에서는 이 정도면 느슨하게 공부시키는 편이라고 한다. 그렇게 채워넣는 공부량에 비해 실제로 아이들의 문해력이 나아졌는지 묻는다면 자신 있게 "그렇다"고 말하기 어렵다. 오히려 문해력이 심각하게 떨어진다는 우려가 곳곳에서 나온다. 디지털 문화에 익숙해져 정보는 많이 소비하지만, 긴 글을 읽고 스스로 사고하는 힘은 약해지고 있다.

더 큰 문제는 우리가 여전히 국·영·수 위주의 공부만을 '경쟁력'이라고 착각한다는 점이다. 과연 그럴까? 교육감 선거에 나가겠다고 하니 인공지능과 관련한 질문을 많이 받는다. 그래서 인공지능 전문가들과 대화를 나누어 보면, 그들은 한목소리로 이렇게 말한다.

그 과목과 관련된 문제는 인공지능이 더 빨리, 더 정확하게 해결해 준다는 것이다. 중요한 것은 인공지능을 도구로 활용할 줄 아는 능력, 인공지능을 어떻게 설계하고 어떤 방향으로 쓸 것인지 판단하는 힘이다. 그래서 디지털과 인공지능 전문가들도 결국 인성 교육의 중요성을 강조한다. 인공지능을 다룰 수 있는 테크닉 못지않게 그것을 악용하지 않을 윤리 감각과 공감 능력이 필수라고 입을 모은다.

문해력 역시 인공지능 시대에 더 중요해진다. 질문을 제대로 던질 줄 아는 사람이 인공지능을 제대로 쓸 수 있기 때문이다. 얼핏 보면 기술의 시대 같지만, 본질적으로는 인간의 시대인 셈이다. 인공지능 시대일수록 인성과 공부, 건강이라는 세 가지 축이 단단하게 받쳐줘야 한다. 그래야 아이들이 도구에 끌려다니지 않고, 도구를 이끄는 주체로 설 수 있다.

나는 독일의 교육 시스템을 그대로 들여오자고 말하는 것이 아니다. 다만 그들의 철학을 겸허하게 배워보자고 제안하고 싶다. 입시에 매달린 경쟁이 아니라 서로의 다름을 인정하고 협력을 가르치는 교육을 실현하고 싶다. 또한 공부를 통해 더 나은 사회를 만드는 교육, 점수와 서열이 아니라 사람을 세우는 교육을 꿈꾼다.

우리 사회가 극단적인 양극화로 치닫고, 성장과 발전의 사다리가 치워진 이유 가운데 하나는 분명 교육에 있다. 교육은 사회를 닮는다. 야만과 경쟁의 사회에서는 교육조차도 야만적일 수밖에 없다. 그래서 나는 교육감 후보로서, 그리고 평생 교육자로 살아온 사람으로서 "이제는 경쟁과 서열의 교육을 끝내고, 인간을 세우는 교육으로 가야 한다"는 생각을 떨칠 수가 없다.

예체능이 주는 성장의 힘

우리나라만큼 예체능 교육을 홀대하는 나라도 드물다. 체육 시간을 운동장에서 보내기라도 하면, 교사들은 종종 학부모의 항의를 받는다. "국·영·수 공부해야 할 시간에 왜 애들을 내보내 놀게 하느냐"고 말이다. 아이들이 땀 흘리게 뛰어다니는 순간이 '노는 시간'으로 취급되고, 교실에서 문제집을 풀고 있어야만 '공부하는 시간'으로 인정된다. 선진국을 그렇게 부러워하면서도 정작 선진국의 교육에서 가장 중요한 것으로 꼽히는 예체능 교육은 배우지 않는다.

아이들이 당뇨병과 비만에 시달리고, 사회성 부족과 협동 역량 저하가 사회적 문제로 떠오르고 있다. 이런 시대에 예체능 교육을 사소한 과목처럼 다루는 것만큼 위험한 선택도 없다. 예체능 교육의 가치는 단순히 건강 증진에 있지 않다. 예체능은 인성을 세우고, 공동체의 감각을 길러주며, 아이를 '경쟁의 기계'가 아니라 '함께 살아갈 사람'으로 성장시키는 힘이다.

예체능은 공동체 감각의 학교다

예체능 교육을 여전히 '체력 단련'이나 '여가 활동' 정도로 이해하는 시각은 이미 세계적으로 오래전에 폐기된 관점이다. 운동장에서 아이들이 배우는 것은 단순한 근육의 힘이 아니라 함께 살아가는 힘이다. 체육관과 음악실, 미술실은 또 하나의 교실이며, 그곳에서는 교과서로는 결코 가르칠 수 없는 사회의 기본 규칙이 자연스럽게 학습된다.

여러 교육 연구가 공통으로 지적하듯이 스포츠와 예술 활동은 협력 능력, 문제 해결력, 감정 조절, 타인의 관점을 이해하는 공감 능력 같은 인간의 핵심 역량을 길러준다. 특히 팀 스포츠는 '혼자 잘하는 능력'보다 '함께 잘하는 능력'을 요구한다. 패스를 주고받으며 타이밍을 맞추고, 역할을 나누고, 실수한 동료를 탓하기보다 다음 플레이를 준비하는 과정 자체가 하나의 사회 훈련이다. 이 경험을 통해 아이들은 자연스럽게 공동체 감각을 몸으로 익힌다.

그러나 한국 사회에서 예체능은 유독 왜곡된 평가를 받아왔다. "돈이 안 된다", "입시에 도움이 안 된다"는 말이 공공연하게 통용된다. 이 논리는 교육의 목적을 철저히 '입시 성과'로만 환원한 사고에 불과하다. 아이들의 성장 전체를 하나의 점수표로 잘라내는 위험한 발상이다. 교육이란 본래 지식 전달을 넘어 사람을 키우는 일인데, 우리는 어느 순간부터 아이를 '성적 생산 장치'로만 대하고 있는 건 아닌지 되묻게 된다.

요즘 초등학생 당뇨병 환자가 빠르게 늘고 있다는 사실은 단순한 건강 통계를 넘어 사회의 경고 신호다. WOF(세계비만연맹)에 따르면 한국 아동·청소년 비만 증가 속도는 OECD 상위권에 속한다. 우리 아이들은 먹을 것은 넘쳐나지만 움직임은 극단적으로 줄어든 시대에 살고 있다. 체육 교육은 더 이상 선택이나 사치의 문제가 아니다. 생존의 문제에 가깝다. 그럼에도 학교에서 예체능은 여전히 '부수 과목'으로 밀려나 있다.

하지만 더 심각한 문제는 건강 그 자체보다 인성 교육의 붕괴다. 아이들은 뛰면서 사회를 배운다. 규칙을 지키는 법, 정정당당하게 경쟁하는 법, 졌을 때 핑계를 대지 않고 결과를 받아들이는 법, 다시 일어서는 법을 체육 시간에 배운다. 친구가 골을 넣었을 때 진심으로 손뼉 치는 경험, 실수한 동료를 다독이며 다음 기회를 만드는 경험은 공동체의 최소 단위인 '함께함'을 몸으로 각인시킨다. 이 모든 것은 국·영·수 문제집으로는 결코 가르칠 수 없는 배움이다.

예체능은 실패를 안전하게 경험할 수 있는 거의 유일한 교과이기도 하다. 시험에서의 실패는 낙인으로 남지만, 경기에서의 실패는 다음 경기를 위한 학습이 된다. 아이들은 이 과정에서 좌절을 관리하는 법, 감정을 조절하는 법, 다시 도전하는 법을 배운다. 이는 성인이 되어서도 평생 필요한 삶의 기술이다. 공동체는 완벽한 개인들로 이루어지지 않는다. 넘어지고 실수하는 사람들 사이에서 서로를 지탱하는 힘으로 유지된다. 예체능 교육은 바로 그 힘을 키운다. 그런데 우리는 예체능을 축소하면서 아이들에게 이렇게 말해왔다.

"공부만 잘하면 된다."

그 결과는 이미 교실 곳곳에서 나타나고 있다. 극단적으로 양극화된 학급 풍경, 관계 맺기에 서툰 아이들, 협력보다는 경쟁에만 익숙한 태도, 타인의 감정을 읽지 못하는 소통의 단절 등이 낯설지 않다. 건강 문제와 사회성 부족, 정서 불안은 개별 아이의 문제가 아니라 교육 구조가 만들어낸 사회적 문제다. 예체능을 빼앗은 대가는 이렇게 고스란히 아이들의 삶 속으로 스며들고 있다.

학교는 단지 지식을 전달하는 공간이 아니다. 사회로 들어가기 전 마지막 공동체다. 그 공동체에서 아이들이 서로 부딪히고, 어울리고, 갈등을 해결하며 성장할 수 있도록 만드는 가장 강력한 장치가 바로 예체능이다. 예체능은 '잘 노는 과목'이 아니라 '함께 사는 법을 배우는 과목'이다. 예체능은 선택 과목이 아니라 공동체를 회복하는 학교 그 자체다.

교육은 서비스가 아니라 공동체다

우리 교육의 또 다른 문제는 '교육 서비스'라는 개념이 자리 잡은 이후부터다. 서비스라는 말이 들어서는 순간, 교사와 학생, 교사와 학부모, 학부모와 학생의 관계는 협력 관계가 아니라 갑을관계로 바뀌어 버렸다. 교사는 공급자, 학부모는 소비자, 학생은 고객이 되고 말았다. 교실은 배움의 공간이 아니라 만족도를 계산하는 시장이 된다.

이 변화는 단어 하나가 교육 생태계를 어떻게 뒤흔들 수 있는지 보여주는 극명한 사례다. 교육이 "사람을 세우는 일"에서 "상품을 제공하는 일"로 바뀌면서 교사의 권위와 전문성은 급속히 떨어졌다. 교사는 누군가의 고객 만족을 채워야 하는 존재가 되고, 학생은 학습의 주체가 아니라 평가의 주체가 된다.

이 과정에서 가장 붕괴된 것은 인성 교육이다. 인성은 관계 안에서 자란다. 협력, 존중, 공감, 책임감, 인내심 같은 요소들은 교사와 학생, 학생과 학생, 학부모와 교사가 만드는 공동체 문화 안에서 길러진다. 그런데 관계가 갑을관계가 되면 인성 교육의 토대는 완전히 무너진다.

서비스 소비자가 된 학부모는 요구가 지나치게 늘어나고, 교사는 고충이 쌓일수록 열정과 자존감이 떨어진다. 학생은 만족도를 기준으로 행동하며, 배움의 기쁨보다 결과의 불안에 갇힌다. 모두가 불행해진다.

이 문제를 해결하는 가장 좋은 해답이 바로 예체능이다. 예체능은 '협력의 언어'를 가르치는 수업이다. 뛰고, 맞추고, 함께 실패하고, 다시 시도하면서 아이들은 관계의 기술을 배운다. 체육관과 미술실, 음악실은 학생의 감정이 비로소 살아나는 공간이다. 그곳에서 아이들은 경쟁에서 살아남는 기술이 아니라 함께 살아가는 기술을 배운다.

나는 인성 교육을 외치지만 과거로 돌아가자는 것은 아니다. 지금의 교육이 잃어버린 인간다움을 되찾자는 것이다. 교사는 서비스 제공자가 아니라 공동체의 길잡이다. 학부모는 소비자가 아니라 교육의 동반자다. 학생은 고객이 아니라 함께 배우는 시민이다.

교육의 품격이 세워지는 지점은 바로 여기다. 예체능은 그 품격을 되살리는 첫 번째 문이다. 아이들의 인성은 뛰는 몸에서 자라고, 친구와 맞잡은 손에서 자라며, 혼자가 아닌 '함께'의 경험에서 깊어진다. 그래서 예체능은 절대 '시간 낭비'가 아니다. 아이들의 인성을 세우는 교육의 기둥이다.

도전을 말하면서
실패를 탓하는 사회

요즘 우리 사회를 가만히 바라보고 있으면 묘한 모순이 보인다. 입만 열면 도전을 말한다. 청년들에게, 학생들에게, 교사들에게, 공무원들에게, 기업가들에게 끊임없이 "도전 정신을 가져야 한다", "혁신해야 한다"고 주문한다. 정부는 스타트업을 키워야 한다고 말하고, 지자체는 청년 창업을 응원한다는 이름으로 각종 공모전을 연다. 강연장에서는 성공한 창업가들이 나와 실패를 두려워하지 말라고 말한다. 그런데 막상 이 도전이 실제로 일어나야 할 교육 현장과 행정 조직을 들여다보면 분위기는 정반대다.

조금이라도 규정을 벗어나면 '감사'가 먼저 떠오르고,

새로운 시도는 늘 "위에서 뭐라 하지 않겠냐"는 말에 막힌다. 학생과 교사에게는 도전을 말하면서 정작 교육 시스템은 한 번의 실수도 용납하지 않는 구조로 설계돼 있다. 이 모순이야말로 도전 정신을 말라붙게 만드는 보이지 않는 사막이다. 나는 대학에서 오랫동안 보직교수를 맡아오면서 이 사막의 실체를 누구보다 가까이에서 봐 왔다. 그래서 지금 교육감 선거에 나선 사람으로서, 그리고 평생 예체능과 교육을 함께 고민해온 사람으로서 이렇게 묻지 않을 수 없다.

> "과연 우리 교육은 진짜로 도전 정신을 길러내고 있는가, 아니면 보신주의를 가르치고 있는가."

두려움이 지배하는 학교

나는 교육학을 전공한 사람은 아니다. 운동생리학을 공부했고, 체육학 박사로 살아왔다. 그러나 대학에서 평교수로 조용히 강의만 한 시간은 오히려 길지 않았다. 학과장, 입학처장, 부총장 등 여러 보직을 거치며 학교 행정의 속살을 가까이에서 보게 됐다. 그래서 누군가 "교육감은 교육학자여야 하지 않느냐"고 물을 때마다 나는 고개를 젓는다.

　　교육감은 논문을 잘 쓰는 학자가 아니다. 교육의 방향과 철학을 책임지는 자리다. 시험을 치러 뽑는 공무원도 아니고, 지식량을 겨루는 경쟁시험의 1등을 뽑는 자리도 아니다. 학교와 행정, 교사와 학부모, 학생과 지역을 모두 잇는 길 위에서 옳다고 믿는 방향을 밀어붙일 수 있는 사람, 소신과 철학, 그리고 실행력이 분명한 사람이 맡아야 한다고 믿는다.

　　이순신 장군을 떠올려 보자. 그는 당대 유학자들처럼 온갖 경서에 통달했던 학문적 천재였기 때문에 영웅이 된 것이 아니다. 나라가 기울어가던 가장 절박한 순간, 자기 자리에서 물러서지 않고 끝까지 버틴 소신과 그 소신을 실천으로 옮긴 실행력이 있었기에 우리는 지금도 그의 이름을 기억한다. 엄청난 숫적 열세 속에서도 끝까지 도망치지 않고 군사를 이끌었던 그 믿음이 나라를 살렸다. 그 정신이 바로 지금 교육이 필요로 하는 리더십이라고 나는 생각한다.

　　대학에서 보직을 맡다 보면, 행정 회의 자리에서 유난히 자주 듣는 말이 있다. "그렇게 했다가 교육부 감사 나오면 어떡합니까?", "선례가 없습니다", "다른 대학에서 한 적이 없는 일입니다." 이 말들 속에는 학교와 학생을 향한 진지한 고민도 섞여 있지만, 그보다 앞서는 감정이 있다. 바로 '혹시 내가 책임을 져야 하면 어쩌지'라는 두려움이다.

　　보신주의는 두려움에서 자란다. 책임질 용기가 없으니

새로운 시도는 가능하면 하지 않는 것이 상책이 된다. 누군가의 손해를 감수하며 전체의 이익을 키우는 결단보다 "나만 아니면 된다"는 태도가 조직 문화를 지배한다.

우리 사회는 겉으로는 도전을 외치지만, 실제로 출세의 사다리를 타고 올라가는 사람들은 대부분 문제없이 임기만 채운 사람들이다. 큰 사고만 없으면 무난한 인사로 평가받고, 모험을 감행해 새로운 결과를 만든 사람은 성공하면 운 좋은 사람 취급을 받는다. 실패하면 영원히 낙인찍힌다. 이 구조 속에서 누가 감히 도전과 혁신을 말할 수 있겠는가.

교육 현장도 크게 다르지 않다. 교장이나 교감, 교육청 공무원 중 어떤 분들은 아이들을 위한 새로운 프로그램을 머릿속으로 구상하면서도 막상 실행에 옮기려 할 때면 주저한다. "민원이 들어오면 어쩌지", "사고라도 나면 모든 비난이 그쪽으로 쏠릴 텐데", 이런 걱정이 발목을 잡는다.

나는 예체능 교육을 강조하면서도 단지 체육 시간이 늘어나야 한다는 의미로 이야기하지 않는다. 체육은 작은 위험을 감수하고, 몸을 던져 보고, 실패를 몸으로 겪으면서 다시 일어나는 경험을 제공하는 교육이다. 그러나 지금의 체육 수업은 어떠한가. 조금만 다쳐도 민원이 들어올까 봐 소극적인 활동으로 대체되는 경우가 많다. 강당에서 간단한 운동이나 스트레칭으로 시간을 보내고, 공 하나에 아이들이 몰려 부딪힐까 봐 팀 스포츠를 기피한다.

그 결과는 눈앞에 보인다. 턱걸이를 한 번도 제대로 하지 못하는 아이들, 매트에 엎드려 공을 잡는 동작조차 두려워하는 아이들, 조금만 높은 곳에 올라가도 겁부터 먹는 아이들이 늘어나고 있다. 체력이 떨어지고, 동시에 도전하는 마음도 위축된다. 이것은 아이들 탓이 아니다. '안전'이라는 말을 방패처럼 내세우면서 실상은 '내 자리를 지키기 위한 보신주의'를 선택해온 교육 제도의 결과다. 아이들에게 도전 정신을 가르치자고 하면서 정작 어른들은 한 번의 실수도 감당하지 않으려 한다면, 그 교육은 이미 모순으로 무너진 것이다.

예체능이 다시 살려야 할 도전의 근육

지금 우리 사회는 청년들에게 창업하라고, 혁신하라고, 남들이 가지 않은 길을 가보라고 부추긴다. 취업 설명회에도, 각종 강연에도 '도전 정신'이라는 말이 빠지지 않는다. 그런데 정작 교육과정에서 아이들이 실제로 도전의 기회는 얼마나 주어지고 있는가.

내 경험으로 보면, 공부만 잘하던 아이들이 사회에서 새로운 도전을 더 잘하는 경우는 그리 많지 않았다. 오히려 적당히 놀기도 하고, 운동장에서 친구들과 부딪히며 뛰어놀던 아이들이 삶의 현장에서는 훨씬 유연했다. 몸과 마음이 함께 단련된 아이들은 실패에도 쉽게 무너지지 않는다.

그런데 우리의 교실은 어떤가. 교실은 이미 심각하게 무너졌다. 교사의 권위도 무너지고, 학생들의 신뢰도 무너지고, 서로를 향한 존중의 감각도 무너졌다. 내가 "교실이 무너졌다"고 말하는 것은 단순한 수사가 아니다. 도전의 장이어야 할 교실이 점수와 서열의 장으로 바뀌고, 실패해도 괜찮다고 말해줄 수 있는 공간이 아니라 한 번의 실수도 용납하지 않는 긴장된 공간으로 변했다는 뜻이다.

여기에는 보신주의의 그림자가 짙게 드리워져 있다. 위험을 최소화하려는 태도는 어느 정도 필요하다. 그러나 위험을 없애는 것과 도전의 기회를 빼앗는 것은 전혀 다른 문제다. 예를 들어 암벽 등반 교육을 생각해 보자. 겉으로 보기에는 위험해 보일 수 있다. 하지만 안전 장비를 제대로 갖추고, 전문 지도자의 지도를 받아 진행하면 실상은 큰 위험이 없는 종목이다. 오히려 아이들에게 자기 몸을 믿고 한 발 더 내디뎌 보는 경험을 제공하는 소중한 교육이다. 정상에 오르지 못하더라도, 중간쯤에서 내려와야 하더라도 아이는 그 과정에서 자신의 한계를 조금 더 정확히 알게 된다. '나는 여기까지 올라올 수 있는 사람이구나'라는 자각이 생긴다. 이 경험은 시험 점수로는 절대 대신할 수 없다.

그런데 우리 교육은 이런 활동을 두려워한다. '혹시라도 누가 다치면, 혹시라도 민원이 들어오면, 혹시라도 언론에 보도가 되면 어떻게 하지?' 하며 몸을 사린다. 보신주의는 아이들의 손과 발을 묶어 놓고, 도전 정신을 말로만 가르치게 만든다.

나는 예체능 교육이 바로 이런 모순의 장벽을 돌파해야 한다고 믿는다. 예체능은 단지 건강을 키우는 과목이 아니다. 용기라는 근육, 협력이라는 근육, 실패해도 다시 해보겠다는 회복탄력성이라는 근육을 키우는 교육이다. 오늘 턱걸이를 한 개도 못 하는 아이가 있더라도 내일은 1초 더 매달려 보려는 마음을 먹게 하는 것이 진짜 체육 교육이다.

지금의 아이들이 체력이 약해지고, 소심해지고, 타인의 시선을 과하게 의식하게 된 것은 그 아이들의 성격 탓이 아니다. 위험을 두려워만 하고 작은 실패도 용납하지 않는 사회 구조 탓이다. 또한 그 구조를 그대로 받아들이며 "괜히 문제 만들지 말고, 조용히 지나가자"라고 회피해온 어른들의 책임이다. 결국 교실에서 만들어지지 못한 도전의 근육은 사회에 나가서 더 큰 비용으로 되돌아온다. 청년 실업, 무기력, 극단적 선택, 공동체 붕괴라는 이름으로 말이다.

그래서 예체능 교육은 단순히 '수업 시수 확보' 차원에서가 아니라 도전 정신을 복원하는 핵심 전략으로 삼을 필요가 있다. 아이들이 땀 흘리며 부딪히고, 넘어져 보고, 다시 일어서는 경험이 교실과 운동장 곳곳에서 벌어져야 한다. 교사들에게도 "실수하지 않는 교실이 아니라 실수해도 다시 해볼 수 있는 교실이 아이들을 살립니다"라고 말해주고 싶다.

보신주의는 결국 모두를 불행하게 만든다. 학생에게는 도전할 기회를 빼앗고, 교사에게는 시도할 용기를 빼앗고, 사회에는 새로운 길을 열어갈 인재를 빼앗는다. 이제는 그 고리를 끊어야 한다. 교육이 다시 도전 정신을 살려내야 한다. 나는 그 출발점이 예체능과 인성, 그리고 공정한 기회가 어우러진 교실이라고 믿는다.

무너진 교실을 다시 세워야 한다

공동체를 다시 잇는 학교 혁신

학교는 단순히 아이들이 등교하고 하교하는 공간이 아니다. 한 도시의 역사와 숨결이 쌓인 장소이며, 한 세대의 추억이 큰 나무처럼 뿌리 내리는 공동체의 중심이다. 그래서 낡은 건물이라는 이유만으로 학교를 쉽게 폐지하거나 줄이는 방식은 바람직하지 않다. 학교는 지역의 기억을 품고 있고, 지금의 아이들은 그 기억 위에서 또 다른 미래를 써 내려간다.

교육 환경을 바꾼다고 해도 나는 '전통은 지키되, 학교는 새롭게'라는 원칙이 있어야 한다고 본다. 무조건 갈아엎고 무너뜨린 뒤에 새롭게 세우는 게 능사는 아니다. 학령인구 감소와 재정 부담이라는 구조적 한계 속에서도 학교를 지키고, 동시에 미래 교육에 걸맞은 환경으로 바꾸는 일은 불가능한 과제가 아니다. 다만 기존의 틀로는 해결할 수 없다. 학교를 지역 전체의 자산으로 바라보는 관점 전환, 지자체·교육청·중앙정부가 함께 예산을 책임지는 협력 구조, 그리고 대전만의 특성을 살린 혁신 모델이 필요하다. 지금이야말로 이러한 '대전형 학교 재구조화 모델'로 지역 공동체와 학교 모두를 살리는 방안이 절실한 시점이지 않을까.

전통은 남기고 환경은 바꾼다

대전은 오래된 학교가 많다. 그만큼 전통도, 기억도, 자부심도 깊다. 하지만 시설은 빠르게 노후화되고, 학령인구는 줄고 있으며, 지역 간 교육 격차는 커지고 있다. 이를 단순히 학교 폐지나 통폐합으로 해결하려 한다면 지역 공동체는 돌이킬 수 없는 상처를 입는다.

　그렇다면 학령인구 감소 지역의 학교를 폐지하는 대신에 '이전·재배치'하는 방식은 어떨까. 대전에는 대표적인 성공 사례가 이미 있다. 바로 충남고와 서대전고의 원도심에서 신도심 이전이다. 두 학교는 기존의 전통을 그대로 품은 채, 새로운 교육 환경을 갖추며 도약했다. 교가도, 교기(校旗)

도, 학풍도 그대로 유지되었다. 그리고 학생들은 더 쾌적한 시설에서 배움의 질을 높일 수 있었다. 이 경험을 대전 전역에 확장하면 좋지 않겠는가.

또한 원도심 학교들은 단순한 교육 공간을 넘어 복합 문화 시설로 거듭나야 한다. 체육관·도서관·문화 공간을 학생과 주민이 함께 사용하는 모델이다. 학교는 낮에는 학생의 배움터, 저녁에는 주민의 문화센터가 될 수 있다. 이미 여러 선진 도시에서 학교는 지역 커뮤니티의 심장 역할을 하고 있다. 독일 함부르크의 '학교-커뮤니티 통합 모델'이나 일본의 '학교 개방형 복합 시설'은 지역재생의 핵심 축으로 평가받는다. 대전도 이 길을 갈 수 있다.

이러한 변화는 교육재정만으로는 불가능하다. 그래서 대전시·각 구청과의 예산 매칭, 중앙정부 특별교부금 확보, 균형발전 예산 연계, 그리고 과학도시 대전의 특성을 살린 첨단 교육 인프라 국비 사업 유치와 같은 정책이 필요하다. 학교 안전을 위한 리모델링, 디지털 기반 학습 환경, 인공지능 교실 구축도 이 과정에서 단계적으로 실현해 나갈 수 있을 것이다.

학교는 지역의 과거와 미래를 이어 주는 다리다. 전통을 지키는 일은 그 다리를 보호하는 일이고, 새로운 시설을 만드는 일은 그 다리를 더 멀리 뻗어 나가게 하는 일이다. 대전은 이제 이 두 가지를 동시에 실현해야 한다.

안전한 학교는 신뢰에서 시작된다

학교 환경이 아무리 좋아져도 교육공동체의 신뢰가 무너져 있다면, 그 학교는 아이들에게 안전한 공간이 될 수 없다. 그래서 대전형 학교 혁신의 두 번째 축은 존엄·안전·신뢰가 되어야 한다. 이 세 단어는 단순한 구호가 아니라 교육의 시작과 끝을 지탱하는 토대다.

먼저 학생 인권은 선택이 아니라 존엄의 문제다. 학교폭력은 무관용 원칙으로 다루되, 피해 학생이 즉시 보호되고 24시간 내 상담이 시작되는 시스템이 필요하다. 그러나 여기서 끝나서는 안 된다. 피해·가해 모두 회복의 가능성이 있는 인간이기에 전문 기관과 연계해 관계 회복 프로그램을 함께 운영하는 지속적이고 전문적인 지원도 갖춰야 한다. 세계 여러 나라에서 회복적 정의 프로그램이 학교폭력 재발을 줄이고 교육공동체의 신뢰를 회복한 사례가 있다. 대전에서도 이를 본격적으로 도입하여 학생 인권을 존엄으로 바라볼 수 있도록 해야 한다.

교사와 학생 사이의 신뢰도 반드시 회복돼야 한다. 교사는 권위를 '힘'으로 세우는 것이 아니라 수업과 관계 속에서 자연스럽게 신뢰를 얻어야 한다. 그러려면 교사가 존중받는 환경이 먼저 조성돼야 한다. 교사가 안전하지 않은데, 아이들이 어떻게 안전하겠는가. 교사 보호조치 강화, 교권 침해 즉시 대응 시스템 마련, 교사의 전문성 존중은 더 이상 미룰 수 없는 과제다.

학부모와의 신뢰 회복 역시 중요하다. 학부모는 아이를 교육청과 학교에 맡기는 사람이다. 불안하면 요구가 커지지만, 신뢰하면 협력한다. 이러한 신뢰 회복을 위해서는 학부모와 교사, 교육청 3자 소통 채널을 넓히고, 교육청이 학부모와 직접 대화하는 자리를 정례화해 불필요한 오해와 충돌을 줄이는 노력도 있어야 한다.

교육청의 역할도 달라져야 한다. 교육청은 규제기관이 아니라 문제를 해결하는 플랫폼이 되어야 한다. 학교의 어려움을 방치하지 않고, 교사·학생·학부모가 안심할 수 있도록 체계적인 지원을 펼칠 수 있는 플랫폼 말이다. 교육청은 학교라는 작은 공동체가 흔들리지 않도록 지탱하는 든든한 기둥이어야 한다.

안전하고 행복한 학교는 결코 추상적인 꿈이 아니다. 교사가 존중받고, 학생이 보호받고, 학부모가 신뢰하며, 교육청이 함께 책임지는 학교를 만들어야 한다. 그래야 내실 있는 교육공동체가 만들어질 수 있을 것이다.

기회의 평등을 다시 세우자

같은 도시에서 두 개의 교육이 존재하는 사실을 어떻게 받아들여야 할까. 대전에 오래 살다 보면 자연스레 체감되는 풍경이 있다. 같은 도시인데도 아이들이 서 있는 출발선이 너무 다르다는 것이다. 서구는 학원가가 밀집해 있고 사교육 선택지가 다양하며, 돌봄과 정서 지원 체계도 상대적으로 안정돼 있다. 반면 동구는 학습 인프라가 부족하고, 방과 후 프로그램도 제한적이다. 부모의 경제적 여건 역시 아이들의 배움에 직접적인 영향을 미친다.

이 격차는 단순한 표나 통계 수치가 아니다. 교실에 들어가 보면 표정에서, 학습 태도에서, 질문하는 힘에서 그대로 드러난다. 나는 이런 현실을 보며 교육감의 역할을 스스로 되묻게 되었다. "과연 무엇을 먼저 바꿔야 하는가?"라는 질문이 내 교육철학의 출발점이 되었다.

지역 격차를 넘어서는 공교육의 혁신

대전의 지역 격차는 단순히 성적 차이가 아니다. 학습 관리, 돌봄의 질, 가정 배경, 사교육 접근성 등 복합적 요인들이 구조적으로 엮여 있다. 그래서 교육이든 정책이든, 단기간에 해결할 수 있는 문제가 아니다. 하지만 아이들을 이대로 방치하는 건 용납할 수 없다. 그래서 내가 주목한 것이 인공지능이다.

최근 전국적으로 '인공지능 교과서 논란'이 거세게 일었다. 인공지능이 교과서 제작에 참여하는 것이 교육의 질을 해칠지, 교사 전문성은 어떻게 보장할지, 아이들이 기술 의존적 사고에 갇히지 않을지 등 논쟁이 다양했다. 그러나 나는 인공지능을 교사의 자리를 위협하는 기술로 보지 않는다. 인공지능은 오히려 공교육 안에서 격차를 줄이는 기술적 해법이다.

인공지능은 학생 개개인의 학습 데이터를 분석하고, 어

디서 막히는지 파악해 즉시 피드백을 제공한다. 이는 기존 사교육에서 제공해 왔던 '초개인화 학습'을 공교육 안에서 실현할 수 있다는 뜻이다. 대전 동구의 아이도 서구의 아이와 동일한 수준의 학습 도움을 받을 수 있는 기반이 마련되는 것이다.

유네스코가 2023년에 발표한 "인공지능과 교육: 정책 입안자를 위한 지침(AI and Education: Guidance for Policy-makers)" 보고서를 보면, 인공지능은 교육 불평등을 줄일 가능성이 가장 큰 기술이라는 것을 강조한다. 그리고 교사의 역할을 약화시키지 않을 뿐더러 오히려 교사의 전문성을 강화하는 방향으로 활용될 때 가장 효과적이라고 했다. 즉 기술은 사람이 할 수 없었던 정밀함을 제공할 뿐, 인간을 대체하지 않는다. 인공지능이 아이의 학습 흐름을 빠르게 분석하면, 교사는 그 시간만큼 아이의 정서, 태도, 생활 지도 등 더 인간적인 영역에 집중할 수 있다. 기술이 지식을 돕고, 사람은 삶을 가르친다. 이것이 내가 바라보는 미래 교육의 구조다.

특히 대전 동구와 서구의 격차를 분석해 보면, 사교육·돌봄·정서 지원의 차이가 크게 나타난다. 하지만 인공지능 기반 학습 지원은 이 중 '정밀 학습 지도' 영역을 빠르게 보완해줄 수 있다. 문제를 틀린 이유, 학습 패턴의 변화, 집중력이 떨어지는 구간 등을 인공지능이 즉시 진단하면, 교사는 더 적절한 개입을 할 수 있다. 이는 기존에 비용과 정보 접근성의 차이 때문에 생겼던 학습 격차를 줄이는 가장 현실적인 방법이 된다.

하지만 기술이 사람보다 중심일 수는 없다. 교육은 기술이 아니라 사람으로 완성된다. 그래서 인공지능을 도입하는 만큼 예체능 교육과 인성 교육이 반드시 강화되어야 한다. 인공지능은 수학과 영어 문제를 잘 풀게 만들지 모르지만, 운동장에서 뛰며 배우는 협력의 정신, 악기와 그림을 통해 감정을 표현하는 능력, 친구와 갈등을 해결하는 법을 가르칠 수는 없다.

교육은 몸과 마음의 조화로운 발달 없이 완성될 수 없다. 기술이 아무리 앞서가도 인간의 삶은 결국 인간다움에서 출발한다. 인공지능은 학습 격차를 해결하는 '도구'이고, 예체능과 인성은 아이를 사람답게 성장시키는 '본질'이다.

교실을 바라보는 철학을 바꾸자

대전 동구와 서구의 격차는 단순한 성적 차이가 아니다. 돌봄의 차이, 놀이 경험의 차이, 정서 안정성의 차이가 한 아이의 전반적 성장에 영향을 준다. 그래서 나는 기술만으로 이 격차를 해결할 수 없다고 본다. 기술은 문제를 진단하고 방향을 알려줄 뿐이다. 진짜 변화는 사람이 만든다. 인공지능을 활용하느냐 마느냐에 매몰되어서는 안 된다. 그보다 학습 환경을 좀 더 학습 친화적이면서 공동체적 분위기를 만드는 데 노력해야 한다. 예컨대 교실에 변화를 주는 것이다.

지금 수업은 칠판과 교사를 향해 모두가 한 방향으로 바라보고 있다. 그런데 교실 환경을 학생끼리 마주 보도록 바꾼 실험이 있다. 그랬더니 확 달라졌다. 성적이 올라가고 분위기는 좋아지는 게 확연히 보였다고 한다. 마치 원탁회의를 하듯이 서로 얼굴을 보게 되니 딴짓하지도 않고 서로 바라보고 수업과 교사에게도 집중했다. 학생 간 상호작용도 크게 늘었다. 이는 변화가 반드시 거대한 예산에서 나오는 것이 아니라 교실을 바라보는 철학에서 나온다는 사실을 보여준다.

인공지능을 도입한다고 해서 반드시 교육 혁신이 일어나는 것도 아니다. 교사가 그 데이터를 이해하고, 아이에게 맞게 해석하고, 나아가 정서적 지지까지 제공할 때 비로소 기술은 교육 공정성의 도구가 된다. 따라서 기술과 인간 교육을 분리하지 않고, 같은 두 날개로 작동하도록 하는 접근을 해야 한다. 한쪽 날개는 인공지능으로 학습 격차를 정밀하게 줄이는 일, 다른 한쪽 날개는 예체능과 인성 교육으로 아이의 삶의 격차를 줄이는 일이다.

변화와 혁신을 두려워해서는 안 된다. 안전이 중요하다 해서 아무것도 시도하지 않는다면 그 또한 책임 방기다. 나는 늘 이렇게 말한다. "평생 접시를 안 깨는 방법은 있다. 설거지를 안 하면 된다." 하지만 그렇게 하면 설거지가 되지 않은 접시가 계속 쌓여갈 뿐이다. 아이들의 미래도 마찬가지다. 변화가 두렵다고 손을 놓고 있다면, 우리 아이들은 계속해서 같은 구조 안에 갇혀 살아야 한다.

인공지능 기반 학습 지원과 함께 교실 환경 혁신, 예체능 활동 확대, 인성 교육 강화, 지역 간 교육 인프라 균형을 함께 추진하면 분명 새로운 교육 패러다임을 기대할 수 있을 것이다. 그것이 대전의 아이들이 어느 지역에 살든 어떤 가정에서 태어났든, 동일한 기회의 출발선에 서게 만드는 길이기 때문이다.

대전의 미래는 아이들의 배움에서 시작된다. 기술의 정밀함과 인간 교육의 따뜻함이 균형을 이룰 때, 비로소 교육은 다시 아이들의 품으로 돌아온다.

건강과 정서가 학습의 출발점이다

얼마 전 나는 한 학교 이야기를 들었다. 서울의 어떤 학교가 막대한 예산을 들여 교내에 훌륭한 실내 수영장을 만들었는데, 정작 그 수영장은 거의 사용되지 않는다는 것이었다. 안전시설도 잘 갖춰져 있고, 아이들이라면 누구나 부러워할 만한 공간인데도 문이 닫혀 있었다. 이유는 단 하나였다. "사고 나면 책임은 누가 지느냐"라는 두려움 때문이었다.

그 이야기를 듣는 순간, 나는 이상하게도 수영장 타일의 차가운 감촉이 손끝에 와 닿는 것 같았다. 수영장은 있는데 수업은 없다. 시설은 있는데 아이들은 물을 모른다. 결국 아이들은 수영장을 가진 학교에 다니면서도 수영 한 번 제대로 배우지 못한 채 졸업한다. 나는 그 장면이 우리 교육의 현실을 상징한다고 느꼈다. 부족해서 못 하는 게 아니라 두려워서 못 하는 교육이 떠올랐다.

그리고 그 두려움은 체육에서만 나타나지 않는다. 요즘 교실에 가보면, 또 다른 형태의 '닫힌 수영장'을 본다. 아이들이 공부를 못해서 힘들어하는 게 아니라 마음이 지쳐 있고 관계가 버겁고 작은 갈등에도 쉽게 무너지는 모습이 너무 자주 보인다. 교사들에게 "요즘 아이들은 어떤가요?"라고 물으면 돌아오는 말이 있다.

"공부보다 마음이 더 힘들어해요."

코로나 팬데믹 시기를 지나며 아이들은 또래와 부딪히며 성장하는 시간을 잃었다. 온라인으로 고립된 일상에서 불안과 우울, 관계 회피가 깊게 자리 잡았다. 그런데 제도는 여전히 사건이 터져야 움직이고, 상담은 상담대로, 법률 지원은 법률 지원대로, 회복 프로그램은 또 따로따로 흩어져 돌아간다. 몸의 교육이 두려움으로 위축되듯이 마음의 교육도 분절된 체계 속에서 제때 작동하지 않는다.

나는 이제 교육의 출발점을 다시 잡아야 한다고 생각한다. 건강이 학습의 출발점이다. 여기서 건강은 체력만이 아

니다. 몸의 건강과 마음의 건강이 함께 서야 배움이 일어난
다. 배움은 머리만으로 하는 일이 아니라 결국 한 사람의 삶
전체가 움직이며 이루어지는 일이기 때문이다.

운동장이 비어가면 교실도 무너진다

나는 체육 교사나 학교가 수영장을 방치하는 마음을 모른 척
할 수 없다. 혹시라도 물놀이 중 아이가 다치거나 생명이 위
협받는 일이 벌어졌을 때, 그 모든 책임이 교사나 학교로 돌
아올지 모른다는 두려움이 교육 현장을 지배하고 있다. 실제
로 크고 작은 사고가 나면 과실 유무와 상관없이 교사가 비
난의 정점에 서게 되는 일이 비일비재하다. 그러니 차라리
안 하는 쪽을 선택하게 된다.

하지만 우리는 정직하게 말해야 한다. 아이들은 '안전'
때문에 운동을 못 하는 게 아니라 '책임' 때문에 운동을 잃어
가고 있다. 운동장은 비어가고, 시간표에서 예체능은 서서히
밀려난다. 그 결과 아이들의 몸이 먼저 무너지고 있다는 사
실을 우리는 뒤늦게 깨닫고 있다.

지금 학교 현장의 체육 수업이 솔직히 말해 엉망인 수준
에 머무르는 경우가 생기는 이유도 같다. 교사들이 아이들

을 밖으로 데리고 나가 땀 흘리게 하고 싶어도 "뛰다가 다치면 어쩌나?" 하는 두려움이 먼저 앞선다. 그러다 보니 체육 시간은 몸을 쓰는 수업이 아니라 공만 대충 굴리다 끝나는 시간으로 전락한다.

그런데 아이들의 몸은 '대충'을 받아들이지 않는다. 몸은 정직하다. 움직이지 않으면 약해지고, 약해지면 마음도 위축된다. 더 무서운 것은 몸을 쓰지 않는 시간이 아이들의 관계를 약하게 만든다는 점이다. 뛰놀면서 배우는 협력, 규칙을 지키는 습관, 상대를 배려하는 태도 같은 것들이 충분히 몸에 익지 못한다. 교실에서 갑작스러운 폭력이나 갈등이 터져 나오는 것도 단지 요즘 아이들의 성격이 예민해져서만은 아니다. 몸으로 부딪치고 화해하는 경험이 줄어든 결과이기도 하다. 어떤 의미에서 학교폭력은 '몸으로 배우는 관계의 시간'을 빼앗긴 아이들이 겪는 비극이기도 하다.

통계 수치는 이미 경고를 보내고 있다. 교육부 학생건강체력평가(PAPS) 자료를 보면 저체력 학생 비율은 2018년 11.3%에서 2022년 16.6%까지 상승했다. 비만과 과체중을 합한 비만군 비율도 2017년 23.9%에서 2022년 30.5%로 증가했다. 아이들 세 명 중 한 명은 정상 체중을 벗어나고 있는 셈이다. WHO(세계보건기구)가 발표한 자료에서도 11~17세 청소년의 권장 운동량 미충족 비율이 한국은 94.2%에 달

한다고 한다. 이 숫자들이 의미하는 바는 단순하다. 우리 아이들의 몸이 이 순간에도 조용히 약해지고 있다. 몸이 약해진다는 것은 단지 달리기를 못 한다는 뜻이 아니다. 집중력, 회복력, 자신감, 관계의 탄력성이 함께 약해진다는 뜻이다.

나는 운동 생리학자로서 어떤 운동을 했을 때 효과가 있는지 없는지, 어떤 습관이 몸을 어떻게 바꾸는지 실험하고 검증해 왔다. 운동 생리학의 실험과 검증에서는 시행착오가 있어도 괜찮다. 그러나 교육은 다르다. 교육은 아이의 한 번뿐인 인생 위에서 벌어지는 일이다. 그래서 무모한 실험이 아니라, 정교한 안전 설계와 책임의 구조화가 필요하다.

아이들이 학교에서 활동하다 다쳤을 때, 교사가 과실을 저지르지 않은 경우까지 교사 개인에게만 책임을 떠넘기는 구조라면 학교는 결국 아무것도 하지 못한다. 남는 것은 두려움뿐이다. 그래서 "사고가 나지 않도록 정교하게 예방하되, 교육의 본질 안에서 일어난 불가피한 사고는 교육청이 앞장서 책임지는 구조"가 필요하다. 운동장은 아이들의 몸을 키우는 장소이면서 사실은 교실을 지탱하는 기초 공사장이다. 기초가 무너지면 위에 올린 건물도 흔들린다. 밑바닥의 체력과 생활 리듬이 흔들리면, 성적도 인성도 결국 함께 흔들린다.

마음의 근육이 있어야 성적도 오른다

요즘 아이들은 공부를 못해서 주저앉는 경우도 있지만, 마음이 먼저 무너져서 공부를 때려치우는 모습을 더 자주 보인다. 관계가 버겁고, 작은 갈등에도 쉽게 흔들리고, 불안이 길게 이어진다. 코로나 시기 이후 아이들이 또래와 부딪히며 성장하는 시간을 잃은 탓도 크다. 문제는 이 변화가 일시적 현상이 아니라 장기적인 교육 문제로 굳어지고 있다는 점이다.

정서와 학력이 별개라고 생각하는 사람들이 많다. 하지만 교육 심리학과 뇌과학 연구는 정반대의 그림을 보여준다. 하버드대 아동발달센터는 정서 안정과 실행 기능이 학습 능력에 큰 영향을 미친다고 보고했고, OECD는 치열한 경쟁문화가 학생들의 정서·심리적 부담을 키운다고 지적한다. 말하자면, 마음이 불안하면 뇌는 학습을 위한 에너지를 제대로 쓰지 못한다. 교실이 불안정하면 학급 전체의 학습 분위기 역시 흔들린다.

그런데 지금 교육시스템은 아이들의 속도와 반대로 움직인다. 사건이 터져야 대책이 시작된다. 아이가 폭언을 하거나, 또래 갈등이 심각해져 교사가 문제를 인지한 뒤에야 상담이 연결된다. 법률 문제는 별도의 기관으로 넘겨야 하고, 회복 프로그램은 담당자가 바뀌면 끊기기 일쑤다. 이렇게 분절된 시스템으로는 아이들의 상처를 따라잡기 어렵다. "상담을 연결했는데 또 힘들어해요"라는 교사들의 말은 아이가 나약해서가 아니라 시스템이 분절돼 있기 때문일 경우가 많다.

그래서 마음의 문제를 '특별한 아이들의 특별한 사례'로 다루지 않으려는 시각이 중요하다. 마음의 건강은 이제 교실 전체의 기본 인프라다. 전기가 없으면 교실이 어두워지고, 난방이 멈추면 아이들이 떨듯이 정서 지원이 끊기면 교실의 공기가 먼저 흔들린다.

정서와 사회성을 지키고 키우기 위해서는 원스톱 시스템이 필요하다. 담임이 아이에게서 작은 이상 신호라도 발견하면, 심리 상담·법률 지원·회복 프로그램이 따로 가동되는 게 아니라 한 경로로 동시에 작동하는 방식이다. 교사가 혼자 감당하지 않도록 학교에 '정서 통합 지원팀'과 같은 조직을 두고, 초기 개입이 가능하도록 흐름을 단순화하는 것이다.

그리고 예체능을 강화해야 한다. 예체능은 "하다가 다칠까 봐 조심해야 하는 위험한 시간"이 아니라 아이들의 마음을 다시 일으켜 세우는 가장 강력한 언어다. 놀이와 예술, 체육을 강화하겠다는 것은 체험 활동을 늘리겠다는 뜻이 아니다. 아이들의 감정 조절력, 또래 관계 능력, 자기 회복력 등 학습의 바탕이 되는 심리적 근육을 기르는 과정이다.

교실을 '시험장'으로만 남겨둬서는 안 된다. 교실은 아이들이 서로의 표정을 읽고, 미안하다는 말을 연습하고, 화해의 타이밍을 배우는 공간이기도 해야 한다. 그런데 그 연습은 말로만 되지 않는다. 같이 뛰고, 같은 팀이 되어 땀을 흘리고, 실수한 친구를 다독이는 과정에서 아이들은 자연스럽게 배려와 협동을 배운다. 그래서 나는 늘 "밥상은 교육이고, 체력은 학력이다"라고 말한다. 급식과 체육은 교육의 주변부가 아니라 아이의 삶 전체를 지탱하는 기반이다.

여기서 중요한 건 '큰 프로그램'이 아니다. 일과 속에 몸과 마음의 리듬을 자연스럽게 심는 것이다. 매일 20분 만이라도 몸을 움직이게 하는 계획은 체육관이 없는 학교에서도 가능하다. 교실에서 의자를 뒤로 밀고 스트레칭을 하고, 놀이형 체육을 섞고, 음악을 틀어 박수와 율동을 따라 해도 된다. '운동장에 나가야만 체육'이라는 생각에서 벗어나면, 학교의 시간표 자체가 아이들의 몸을 살리는 장치가 된다.

마음도 마찬가지다. 정서 리포트를 통해 교사와 학부모가 아이의 상태를 함께 보고 함께 대응할 수 있게 하는 등의 지원이 뒷받침되어야 한다. 지금은 학교에서 무슨 일이 있었는지, 아이가 어떤 정서적 어려움을 겪는지 부모가 알 방법이 많지 않다. 형식적 문서가 아니라 짧은 관찰 기록과 교사의 코멘트만으로도 가정은 학교와 같은 방향으로 아이를 도울 수 있다. 정서 교육은 학교만의 일이 아니라 가정과 공동체가 함께 만들어가는 문화이기 때문이다.

몸과 마음은 따로 존재하지 않는다. 아침 첫 수업을 체육으로 시작해 몸을 깨우고, 믿고 먹을 수 있는 급식으로 에너지를 채우고, 하루의 움직임과 예체능 수업으로 관계를 다시 잇고, 정서·사회성 원스톱 시스템으로 작은 신호를 놓치지 않을 때, 아이는 비로소 한 사람으로 성장한다.

교육은 아이를 실험 대상으로 삼는 일이 아니다. 그렇다고 두려움 때문에 아무것도 하지 않는 일도 아니다. 충분히 준비하고, 함께 책임지고, 아이들의 몸과 마음을 살리는 교육이 실현되어야 한다. 배움의 시작은 교과서가 아니라 아이의 하루를 버티게 하는 건강에서 출발하기 때문이다.

7장

배움의 뿌리를 다시 세우다

공동체를 다시 잇는 힘

요즘 학교에서는 사은회(謝恩會)를 보기가 쉽지 않다. 몇십 년 전만 해도 졸업식 뒤에 이어지는 사은회는 학생들이 스승에게 정중히 감사의 절을 올리는 의례이자, 앞으로의 삶을 응원해 주는 덕담의 자리였다. 언제부터인가 이 문화가 거의 자취를 감췄다. 일부는 허례허식이라는 이유에서였을 테지만, 더 근본적인 이유는 교사와 학생의 관계가 예전처럼 깊게 형성되지 않는 현실 때문이다. 감사할 만한 관계가 형성되지 않으니, 감사의 자리가 자연스럽게 사라진 것이다.

교육이 경쟁과 성적으로만 측정되기 시작하면서 마음과 관계로 이루어지던 장치들이 하나둘씩 학교에서 빠져나갔다. 그러나 배움이라는 것은 결국 사람과 사람 사이에서 일어나는 일이다. 사라져 버린 사은회만큼 지금 교실에는 빈자리가 많다. 단절된 관계를 다시 잇는 교육의 장이 절실하다.

관계가 무너지면 배움도 흔들린다

사은회와 MT 같은 전통이 사라진 것은 단순히 행사 하나가 사라진 문제가 아니다. 교육공동체의 심장부였던 '관계'가 무너졌다는 증거다. 교사와 학생이 서로의 삶을 조금씩 비추어 보며 신뢰를 쌓는 시간이 사라지자, 교실은 지식만 오가는 장소가 되고 말았다. 지금 학교 현장에서는 학생과 교사 간의 관계 만족도가 크게 떨어져 있다. 학생들은 교사와 개인적 신뢰를 느끼기 어렵다고 하고, 교사는 학생 지도가 과거보다 훨씬 더 정서적으로 힘들어졌다고 하소연한다. 관계가 학력의 배경이라는 사실을 고려하면, 상당히 심각한 수준에 이른 것이다.

왜 이렇게 되었을까? 하나는 교육의 '시장화' 때문이다. 교사가 공급자, 학생과 학부모는 소비자가 되고 나면 정서적 관계는 사라진다. 다른 하나는 지나친 민원 문화다. 작은 실수 하나에도 언론, 민원, 온라인 여론이 즉시 압박을 가하는 환경에서는 교사가 소통과 유대보다 방어적 태도를 먼저 취하게 된다. 자연스럽게 행사, 체험 활동, 야외 교육 등 관계를 확장할 기회는 줄어들 수밖에 없다.

그러나 교육에서 관계는 선택이 아니다. 세계적 교육학자 넬 나딩스(Nel Noddings)는 도덕적·지적 성장은 '돌봄의 관계' 속에서만 자란다고 했다. 교사가 학생을 사람으로 보고, 학생이 교사를 신뢰할 때, 배움은 따라온다. 이것은 학문적 명제이자 교실에서 매일 증명되는 사실이다.

나는 사라진 사은회나 MT 같은 장치를 단순히 향수로 부활시키자는 것이 아니다. 관계를 회복하는 교육의 구조를 다시 구축하자는 것이다. 교육의 성패는 교사와 학생, 학부모의 관계가 맺어지는 방식에 달려 있다. 관계가 있어야 권위가 생기고, 권위가 있어야 배움이 깊어진다.

교육공동체를 다시 잇는 자리를 만들 때다

나는 MT가 그저 놀러 가는 자리라고 생각하지 않는다. 오히려 교육의 본질을 되찾는 자리였다. 현직에 있을 때 나는 꼭 수련원으로 MT 장소를 정했다. 술과 흥청거림이 아니라 서로를 알아가는 시간을 만들고 싶었기 때문이다. 학생들은 처음에 서운해했다. "교수님, MT 가서까지 공부해요?"라고 묻기도 했다. 그러나 막상 프로그램이 시작되면 대부분 학생들이 한결 진지하게 참여했다.

수련원에서는 외부 명사를 초청해 특강을 들었다. 학생들이 만나기 힘든 인물들의 이야기는 강의실에서 들을 수 없는 울림을 줬다. 또 학생들 스스로 발표하는 세미나 시간을 마련해 친구들의 생각을 듣고 토론하도록 했다. 나는 이 시간을 교육의 핵심으로 여겼다. 배움은 일방적 전달이 아니라 상호작용 속에서 가장 강하게 일어난다. 그래서 마지막에는 부모님께 편지를 쓰는 시간을 넣었다. 놀랍게도 이 시간이 학생들에게 가장 강한 감정적 반응을 일으켰다. 한 학생은 "미루기만 했던 말을 처음으로 썼다"고 했고, 또 다른 학생은 "편지를 쓰면서 내가 어떤 삶을 살아야 하는지 생각하게 됐다"고 말했다. 형식적이었던 MT가 교육공동체의 장으로 탈바꿈하는 순간이었다.

이러한 방식은 나만의 독특한 시도가 아니다. 학생들이 함께 숙박하며 토론하고 프로젝트를 수행하는 활동은 학업 성취도 향상에 상당한 효과를 주는 것으로 알려졌다. 영국은 옥스퍼드, 케임브리지 등 명문대학에서 시작된 전통으로 'Residential College'라는 방식을 운영한다. 학생들이 기숙사에서 생활하며 교수·교직원과 식사, 튜터링, 세미나 등 다양한 활동을 함께한다. 이 방식은 학습과 생활이 유기적으로 결합하고, 학생 간 교류와 공동체 문화 형성을 강조한다. 그 덕분에 또래 신뢰 회복, 유대 강화, 문제 행동 감소에 뚜렷한 효과를 가져왔다. 세계적으로 입증된 사실은 하나다. 관계를 세우는 교육은 학습을 강화한다.

나는 사은회와 MT 같은 전통을 단순한 행사로 복원하자는 말을 하는 게 아니다. 그것을 교육의 일부로 재설계되어야 한다는 것이다. 사은회는 스승과 제자가 서로에 대해 말할 시간이 되어야 한다. "그동안 고마웠다"는 짧은 말 한 마디가 한 학생의 진로를 바꾼다는 사실을 나는 수도 없이 봐왔다. 감사는 기억을 만들고, 기억은 관계를 지키고, 관계는 배움의 힘이 된다.

MT 역시 새롭게 구성될 수 있다. 지역 문화예술인이나 과학자를 초청한 강연, 또래와 함께하는 공동 프로젝트, 부모에게 보내는 성찰 편지, 교사와 학생의 대화 시간 등을 담아 '대전형 공동체 MT 모델'을 만들 수 있다. 이러한 프로그램들을 통해 학교는 다시 관계가 흐르는 공간으로 살아날 것이다.

관계가 회복되면 교사는 더 이상 고객 만족을 맞춰야 하는 서비스 제공자가 아니다. 학생에게 가장 가까운 어른이 되고, 학부모에게는 신뢰할 수 있는 동반자가 된다. 학생은 교사에게서 인정받고, 친구들에게서 지지받으며, 공동체 속에서 자기 자리를 찾는다. 이것이 교육의 출발이자 목적이다.

사라진 사은회가 돌아오는 것이 목적이 아니다. 사라져버린 마음의 자리를 되찾는 것이 목적이다. 단절된 관계를 다시 잇는 순간, 교실은 다시 살아난다. 배움도 다시 힘을 얻는다. 교육이 새로워지는 데 필요한 것은 그 첫 단추를 다시 끼우는 일이다. 그 시작은 언제나 관계에서부터다.

인성은 성적보다 먼저다

인성 교육을 말하면 사람들은 종종 "그거 도덕 시간에 배우는 것 아닌가?"라고 가볍게 여긴다. 그러나 내가 말하는 인성은 단순히 예의를 지키고 질서를 따르는 외적 행동의 문제가 아니다. 그것은 한 사람의 내면에 자리 잡은 '바른 품성', 즉 스스로 옳다고 믿는 가치를 선택하는 능력이다.

지금 한국 교육 현실은 성적이 모든 판단 기준이 되는 구조다. 아이들은 어려서부터 협력보다 경쟁을, 정직보다 효율을, 배려보다 성취를 우선하도록 요구받는다. 능력주의와 경쟁 절대주의가 만들어낸 환경에서 인성은 부가 요소로 밀려난 지 오래다. 그러나 아이들의 마음이 지탱해주지 못하는 공부는 오래가지 않는다.

뿌리가 약한 나무가 처음에는 푸르러 보여도 바람 한 번에 꺾이듯이 인성 없이 쌓인 성취는 언젠가 무너진다. 그래서 나는 다시 말하고 싶다. 성적은 가지이고, 인성은 뿌리다. 교육은 뿌리부터 바로 세워야 한다.

공정과 공동체는 바른 품성에서 시작된다

인성, 즉 바른 품성은 타인의 시선을 의식해 만들어지는 외적 규범이 아니다. 처벌이 두려워 지키는 규칙도 아니고, 평가를 의식해 연출하는 태도도 아니다. 인성이란 스스로 옳다고 믿는 가치를 상황에 따라 흔들리지 않고 지켜내는 내면의 힘이다. 나는 이 사실을 체육 교육을 통해 누구보다 분명하게 배웠다.

운동장은 매우 정직한 공간이다. 규칙을 어기는 순간, 실력은 아무런 의미가 없다. 아무리 빠르고, 아무리 강하고, 아무리 재능이 뛰어나도 반칙을 일삼는 선수는 결국 공동체로부터 인정받지 못한다. 반대로 신체 조건이 다소 부족하더라도 규칙을 존중하고 팀을 배려하는 선수는 신뢰를 얻는다. 이 단순한 원리가 스포츠 세계에서는 너무도 명확하게 작동

한다. 그리고 바로 그 지점에서 '공정'은 추상적인 개념이 아니라 품성의 결과로 드러난다.

공정은 제도만으로 만들어지지 않는다. 규칙이 있다고 해서 공정이 자동으로 보장되는 것도 아니다. 규칙을 존중하려는 태도, 타인의 권리를 침해하지 않으려는 마음, 결과에 승복할 줄 아는 자세가 함께할 때 경쟁은 비로소 공정해진다. 그래서 나는 늘 말해왔다. 인성 교육은 '이기는 법'을 가르치는 것이 아니라 '함께 사는 법'을 배우는 과정이라고 말이다.

하버드대학교의 도덕심리학자 로렌스 콜버그(Lawrence Kohlberg)는 인간의 도덕성 발달이 지적 능력과는 별개의 궤도로 성장한다고 설명했다. 도덕적 판단 능력은 시험 점수와 비례하지 않으며, 지식의 양으로 측정되지도 않는다. 그것은 타인의 입장을 고려해 보고, 자신의 선택에 책임을 져 보는 실제 경험 속에서 자란다. 머리가 좋다고 해서 바른 사람이 되는 것이 아니며, 올바른 판단은 반복된 '경험의 축적'에서 비롯된다는 통찰이다.

나는 이 사실을 학생들과 함께 지내며 수없이 확인해 왔다. 성적이 뛰어난 학생이 반드시 좋은 팀원이 되는 것은 아니다. 협력과 배려를 모르는 학생은 조직을 흔들고, 갈등을 증폭시킨다. 반면 성적은 다소 부족하더라도 약속을 지키고 책임을 다하는 학생은 주변을 안정시키고 사람들을 하나로 묶는다. 학급이든 조직이든 사회든, 결국 중심을 잡는 사람은 후자였다. 사회가 진정으로 필요로 하는 역량은 '혼자 앞서가는 능력'이 아니라 '함께 갈 수 있게 만드는 힘'이다.

그렇다면 교육의 방향도 분명해진다. 지식 전달과 성취 경쟁만으로는 공정한 사회를 만들 수 없다. 공정은 시험장에서만 필요한 가치가 아니라 일터와 공동체, 민주주의 전체를 지탱하는 원리이기 때문이다. 그런데도 우리는 오랫동안 인성 교육을 부차적인 영역으로 밀어놓았다. 성적이 좋으면 인성은 따라올 것이라는 막연한 기대, 혹은 인성은 가정에서 책임질 문제라는 편의적 판단이 그 자리를 대신했다.

한국 사회가 겪고 있는 가장 심각한 위기 중 하나는 바로 신뢰의 붕괴다. 제도는 점점 더 정교해졌지만, 사람들은 서로를 믿지 못한다. 법과 규정은 늘어났지만, 그것을 지탱하는 신뢰는 약해졌다. 제도는 사람 위에 존재하지 않는다. 사람 사이의 신뢰가 무너지면, 아무리 잘 설계된 시스템도 제대로 작동하지 않는다. 그래서 인성 교육은 개인의 도덕 수양 차원이 아니라 사회 시스템을 유지하는 기초 인프라에 가깝다.

공동체를 연결하는 사회적 자본의 핵심은 신뢰다. 그리고 그 신뢰는 지성보다 품성에서 나온다. 약속을 지킬 것이라는 믿음, 공정하게 행동할 것이라는 기대, 어려울 때 책임을 회피하지 않을 것이라는 확신이 쌓일 때 공동체는 유지된다. 이 신뢰가 무너지면 사회는 고립과 불신, 분열로 빠져든다. 지금 우리가 마주한 위기는 바로 그 지점에 닿아 있다.

나는 교육이 이 신뢰를 회복하는 가장 현실적인 출발점이 될 수 있다고 믿는다. 교실에서 벌어지는 작은 선택들이 아이들의 품성을 만든다. 시험에서의 정직한 행동, 친구와의 갈등을 대화로 해결해 보는 경험, 실수를 인정하고 다시 도전하는 과정은 모두 신뢰를 기르는 훈련이다. 이런 경험을 반복하며 아이들은 하나의 중요한 감각을 몸에 새긴다. "나는 누군가를 믿을 수 있고, 또 누군가가 나를 믿는다"는 감각이다.

이 감각이 바로 건강한 시민의 출발점이다. 공정한 경쟁은 바른 품성 위에서만 가능하고, 공동체는 그 공정을 신뢰할 때 지속된다. 결국 공정과 공동체는 제도에서 시작되지 않는다. 사람의 내면, 바른 품성에서 시작된다. 그리고 교육은 그 품성을 길러낼 수 있는 가장 강력한 사회적 장치다. 이 감각이 바로 건강한 시민을 만드는 출발점이다.

인성 교육은 사회를 복원하는 교육이다

나는 인성을 학력의 바깥에서 이야기하지 않는다. 오히려 인성은 학력을 지탱하는 기반이 된다. 아이가 기초 학습에서 어려움을 겪으면, 성적보다 자존감이 먼저 무너진다. 자존감이 흔들리면 학습 의지는 급속도로 떨어지고, 이는 다시 성적 저하로 이어지는 악순환을 만든다. 그래서 나는 '기초학력 = 자존감 = 미래 가능성'이라는 등식으로 본다. 단순히 성적 관리가 아니라 성장의 기반을 지키는 문제다.

이를 위한 장치가 필요하다. 이를테면 '다중 안전망' 같은 것이다. 이는 담임 혼자 혹은 학교 하나만으로 해결하는 방식이 아니다. 담임이 작은 위기 신호를 발견하면 학년 단위에서 즉시 개입하고, 그래도 해결이 어렵다면 교육청이 전담 인력을 즉각 투입해 학습·정서·관계 문제를 통합적으로 지원하는 체계다. 이는 OECD 국가들이 이미 적극적으로 운영하는 방식이다.

이 안전망은 단지 학습 보충만을 의미하지 않는다. 학습 부진을 일으키는 가장 큰 원인이 정서적 요인이라는 사실은 수많은 연구에서 입증되었다. 학습 부진 아동의 상당수가 정서적 불안과 갈등을 경험한 뒤 성적이 떨어진 것으로 나타났다. 즉 성적은 정서와 인성이 흔들릴 때 함께 무너진다. 그래서 기초학력 지원을 정서 상담, 관계 코칭, 부모 소통까지 통합하는 구조를 갖출 필요가 있다.

학부모와의 소통도 투명하게 이루어져야 한다. 아이가 어떤 어려움을 겪고 있는지, 어떤 도움을 받고 있는지, 지금 어느 단계에서 회복하고 있는지 등을 '학습·정서 통합 리포트' 형태로 정기적인 공유를 하는 것도 하나의 방안이 될 수 있다. 이것은 단순히 정보를 전달하는 차원이 아니라 학부모가 학교와 함께 아이를 지지하는 '공동 돌봄 시스템'을 만드는 과정이다.

이런 교육철학은 내 경험에서 출발한 것이다. 나는 수십 년 동안 학생들을 가르치면서 성적이 낮아도 인성이 강한 학생들은 얼마든지 뒤집을 수 있다는 것을 보았다. 반면 성적이 높아도 기본적인 정직성과 책임감이 부족하면 쉽게 무너지는 경우도 많이 봤다. 인성은 성적의 보조 역할이 아니라 성적을 지탱하는 기반이다.

결국 인성 교육은 단순한 도덕 수업이 아니라 사회를 복원하는 교육이다. 오늘 나는 다시 확신한다. 교육의 뿌리는 성적이 아니라 인성이다. 뿌리가 깊을 때 나무는 흔들리지 않는다. 인성이 바를 때 아이는 삶의 바람에도 견딜 수 있다. 내가 기대하는 교육은 바로 그 '뿌리'를 다시 세우는 일이다.

질문이 배움을 연다

지금 한국의 교실을 걷다 보면 아이들이 풀어야 하는 문제는 점점 더 복잡해진다. 그런데 정작 아이들이 세상을 바라보는 눈은 점점 더 좁아지는 아이러니를 느끼게 된다. 점수가 교육의 중심이 되었고, 등수가 아이의 가치가 되었기 때문이다.

성적이 곧 능력이고, 능력이 곧 존재의 의미가 되는 사회에서 아이들은 정답을 맞히는 데는 능숙하다. 하지만 왜 배우는지, 무엇이 중요한지 스스로 묻는 힘을 잃어버린다. 그래서 나는 교육을 이야기할 때 결코 성적을 무시하자는 것이 아니라 성적이 인간을 판단하는 최종 기준이 되어서는 안 된다는 점을 강조한다. 교육의 본질은 지식을 채우는 데 있는 것이 아니라 질문을 키우는 데 있기 때문이다.

아이가 어떤 대학에 가는가보다 어떤 의문을 품고 살아가는지가 더 중요해지는 시대, 그것이 우리가 맞이한 새로운 교육 환경이다. 나는 한국 교육이 이제 '점수의 시대'를 지나 '질문의 시대'로 넘어가야 한다고 생각한다. 질문은 단순히 지적 호기심이 아니라 한 인간이 세계를 이해하고 자신의 길을 찾게 하는 존재의 방식이기 때문이다.

점수의 시대를 지나 질문의 시대가 온다

교육을 예체능의 관점에서 보면 한 가지 분명한 사실이 드러난다. 아이들은 경쟁 속에서만 성장하는 존재가 아니라는 것이다. 한때 TV 광고에서 "개구쟁이라도 좋다, 튼튼하게만 자라다오"라는 메시지가 많은 공감을 얻었다. 그러나 지금의 교육 현실은 "개차반이라도 좋다, 일단 1등만 해다오"라는 냉소적 풍경을 만들어냈다. 점수만을 향해 달리는 구조 속에서 아이들은 실패를 두려워하게 되고, 질문을 멈추게 된다. 그러나 질문이 없는 배움은 살아있는 배움이 아니다.

나는 시대의 변화를 이렇게 바라본다. 산업화 시대의 핵심 역량은 'Know-how', 즉 기술과 방법을 아는 것이었다. 정보화와 네트워크 시대에는 'Where-how', 어디에서 어떻게 연결할지가 중요했다. 그러나 지금 세계는 완전히 새로운 국면에 들어섰다. 나는 이것을 'Why-how의 시대'라고 부른다. 왜 이 지식을 배워야 하는지, 왜 이 현상이 발생했는지, 왜 이 선택이 옳은지 스스로 질문하고 탐구하는 능력이야말로 미래를 여는 가장 중요한 역량이기 때문이다.

미래 세대에게 필요한 핵심 능력은 정답을 빠르게 찾는 능력이 아니라 문제를 스스로 정의하는 능력이다. 구글이나 애플, 아마존, 테슬라와 같은 기업들은 공통으로 직원들에게 '질문하는 태도'를 요구한다. 이는 단순히 창의성을 강조하는 차원을 넘어 문제를 발견하는 능력 자체가 경쟁력이 되었음을 의미한다.

그러나 한국의 교육은 여전히 정답을 찾는 힘만을 키우고 있다. 아이들은 어려서부터 무엇이 틀렸는지 지적받는 데 익숙하지만, 무엇을 궁금해 하는지 배운 적이 없다. 시험은 정답을 평가하지만, 질문은 평가하지 않는다. 심지어 질문을 많이 하는 학생을 수업 방해자로 보는 분위기마저 있다. 점수 중심의 사고가 교육을 지배하고 있다.

예체능 교육의 관점에서 보면 이런 교육 구조가 얼마나 편향적인지 더 뚜렷해진다. 미술·음악·무용·체육에는 정답이 없다. 아이들은 스스로 표현하고, 선택하며, 자기 해석을 만들어낸다. 체육 수업에서도 "왜 이 전술을 선택했는가?" "왜 이 전략이 효과적인가?"라는 반복적인 질문이 사고력을 키운다. 한 번도 질문을 해보지 않은 아이는 결코 창의적일 수 없다. 그래서 예체능 교육은 단순한 부속 과목이 아니라 질문의 감각을 되살리는 중요한 교육적 장치다.

전 세계 교육의 흐름도 같은 방향으로 향하고 있다. OECD는 미래 교육의 핵심 역량으로 '주도적 학습자' 개념을 강조한다. 이는 학생이 주체적으로 질문하고 학습을 이끌어가는 역량을 의미한다. 즉 더 이상 교사가 지식을 전달하고 학생이 수동적으로 받아적는 방식으로는 미래 사회에 필요한 시민을 길러낼 수 없다.

질문은 지식의 출발점일 뿐 아니라 새로운 가능성을 여는 힘이다. 점수로는 아이의 미래를 예측할 수 없지만, 질문은 언제나 길을 만들어낸다. 점수로 줄 세우는 교육을 넘어 아이들의 질문을 보호하고 키우는 교육을 실현해야 한다.

질문의 힘이 아이의 삶을 확장시킨다

교육은 결국 가능성을 발견하는 일이다. 그리고 나는 인생의 어느 시점에서 그 가능성이 진짜로 문을 열어주는 순간을 경험했다. 그것은 내가 한체대에 합격했을 때다. 지금 돌이켜보면 그날의 경험이 내 교육철학의 절반 이상을 설명한다.

한체대는 1976년 몬트리올 올림픽에서 양정모 선수가 한국 최초의 금메달을 딴 이후에 박정희 대통령 재임 때, 정부가 "스포츠 강국을 만들겠다"는 국가적 목표 아래 설립한 학교다. 박정희 대통령은 올림픽에서 금메달을 딴 양정모 선수와 코치진을 청와대로 불러 격려했다. 대통령은 양정모의 코치를 향해 왜 동독이나 소련이 스포츠 강국인지, 또 올림픽에서 메달을 많이 획득하는지 물었다고 한다.

"그 나라는 국립대학에서 선수들을 집중적으로 양성합니다."

그 말 한마디에 박정희 대통령은 결정을 내렸다.

"그렇다면 우리도 만들면 되지 않나."

그리하여 한국체육대학교는 대통령령으로 전격 설립되었다. 그 시절 한체대는 엘리트 선수 육성을 위한 국가적 실험실 같은 곳이었다. 캠퍼스도 없어서 서울공대의 한 구역을 빌려 수업했고, 운동장도 없어 서울운동장을 오가며 훈련했다. 학생 전원이 국비 장학생이었고, 기숙사 대신 하숙비를 국가가 지원했다. 지금으로서는 상상하기 힘든 '국가 사업형 교육 모델'이었다.

그런데 나는 운동부 출신도 아니었고, 전국대회 실적도 없었다. 한체대는 애초에 내가 지원해볼 만한 학교가 아니었다. 그러던 어느 날, 특기자로 지원하던 친구가 원서를 들고 와 말했다. "야, 네 체력장 기록이면 혹시 될지도 몰라. 그냥 한번 써봐."

그 말은 단순한 권유가 아니라 하나의 질문이 되었다.

"정말 가능성이 있을까?"

그 질문 하나가 내 인생의 방향을 바꾸었다.

시험은 예비고사 성적에 본고사, 그리고 체력·적성을 평가하는 면접까지 이어졌다. 전국에서 40명을 뽑았다. 나는 기대하지 않았기에 합격 발표일조차 잊고 있었다. 그런데 친구가 뛰어오며 외쳤다. "한수야, 너 붙었다!"

믿기지 않아 직접 전화를 걸었고, 내 이름이 명단에 있다는 말을 듣는 순간 다리가 풀렸다. 등록금은 단 5천 원, 하숙비는 국가가 지원했다. 어려운 가정 형편에서도 내가 대학에 갈 수 있었던 유일한 길이었다.

그러나 진짜 중요한 것은 이것이었다. 당시 유근석 학장은 한국 스포츠가 발전하려면 운동능력뿐 아니라 체육학·연구·교육을 이끌 사람도 필요하다고 보았다. 그래서 그는 실적 중심의 선발에서 벗어나 잠재력과 가능성을 가진 학생들을 찾기 시작했다. 나는 그 철학의 수혜자였다. 한 사람의 가능성을 보는 시선이 한 사람의 인생을 바꾸는 순간이었다.

한체대에서 보낸 4년은 내 삶을 완전히 바꾸었다. 그곳에서 나는 '뛰어난 사람'보다 '성실한 사람'을 존중하는 분위기, 몸뿐 아니라 생각도 단련해야 한다는 학장과 교수들의 철학을 배웠다. 그리고 그 철학은 결국 나를 대학원으로, 박사과정으로, 교육자로 이끌었다.

돌아보면 나는 특별한 재능이 있었던 것이 아니다. 단지 누군가가 내 안의 가능성을 먼저 보았고, 그 질문을 나보다 먼저 던졌을 뿐이다. 그래서 나는 지금도 교육을 말할 때 늘 같은 믿음을 되새긴다.

"한 아이의 인생은 시험 점수가 아니라 그 아이를 바라보는 어른의 시선 하나에서 시작된다."

교육은 정답을 가르치는 일이 아니라 가능성을 발견하는 일이다. 점수의 시대는 끝나야 한다. 이제 질문의 시대를 열어야 한다. 그 질문이야말로 아이의 삶을 확장시키는 진짜 힘이기 때문이다.

3부

잠든 대전 교육을 깨우자

8장

무너진 교실을 복원하는 일

교사를 지키는 게
교육을 지키는 일이다

지금 한국의 교실은 겉으로 보기엔 예전과 크게 다르지 않다. 칠판 앞에는 선생님이 서 있고, 아이들은 책상에 앉아 있다. 하지만 그 교실을 떠받치는 분위기는 완전히 달라졌다. 예전에는 선생님이 무엇을 시도하든 아이들과 함께 배우는 과정이 자연스럽게 여겨졌다. 지금은 교사가 새로운 활동을 제안할 때마다 먼저 떠오르는 건 교육 효과가 아니라 사고 위험이다. 체험학습도, 수학여행도, 간단한 운동장 활동조차 교사들에게는 결심이 필요한 일이 되어 버렸다. 사고라도 나면 그 책임을 온전히 떠안는 구조 때문이고, 그 대가는 종종 교사의 직업 생명과 직결된다. 교육이 도전을 가르쳐야 할 자리에서 교사들은 두려움 속에서 절제된 움직임만 반복하고 있다.

현장에서 만난 교사들이 체험학습을 기피하는 가장 큰 이유로 꼽는 것은 '사고 발생 시 책임 부담'이다. 교사들의 이러한 반응은 한국 교육이 어떤 지점에 와 있는지를 적나라하게 드러낸다. 교사가 몸을 사리게 되는 순간, 아이들은 새로운 시도를 경험할 기회를 잃는다. 교육은 위험을 회피하는 과정으로 전락해 버린다.

교사가 두려움을 내려놓지 못하면, 어떤 정책도 현장에서 제대로 작동하지 않는다. 교육의 중심은 교실이고, 그 교실의 중심은 교사다. 교사가 흔들리면 아이들도 흔들리고, 학부모도 불안해진다. 그러므로 교육 개혁의 출발점은 항상 한 가지 질문이다.

"교사는 지금 안심하고 가르치고 있는가?"

교사의 두려움을 지우면 교실이 살아난다

지금 한국 교육이 겪는 가장 심각한 문제 중 하나는 '위축'이다. 교사들은 수업이 아니라 문제없는 하루를 만드는 데 더 많은 에너지를 쓴다. 사고가 나면 교사는 파면, 학교는 소송, 교육청은 방어적 태도로 돌아선다는 현실이 교사들로 하여금 아예 하지 않는 것이 가장 안전한 선택이라는 결론에 이르게 했다. 시설이 있어도 활용되지 못하고, 교육은 있는데 살아 움직이지 못하는 구조. 이것이 지금 우리가 마주한 현실이다.

사고는 반드시 예방해야 한다. 교사는 아이들을 안전하게 지도할 책임이 있다. 그러나 과실과 불가항력적 사고를 구분하지 않고 모든 책임을 교사에게 떠넘기는 구조는 교육의 가능성을 스스로 갉아먹는 일이다. 선진국은 이미 오래전부터 이 문제를 정책적으로 해결해 왔다. 프랑스는 '학교 안전사고 국가 보상 제도'를 통해 교육과정 중 발생한 사고는 국가가 우선 책임을 지는 원칙을 마련했다. 일본 역시 학교보건안전법에 따라 교직원이 업무 중 발생한 사고의 민형사상 책임을 교육 당국이 부담하도록 제도화했다. 그런데 우리는 여전히 교사 개인이 거의 모든 책임을 져야 하는 상황에서 움직여야만 했다. 결국 선생님들은 새로운 시도를 할수록 손해를 본다.

그나마 다행인 것은 2025년 11월에 학교 안전사고가 발생했을 때, 교사에 대한 면책 내용을 담은 「학교안전사고 예방 및 보상에 관한 법률(학교안전법)」 일부개정안이 국회 법제사법위원회에서 의결됐다는 것이다. 이 개정안이 본회의에서 의결되면 학생에 대한 안전조치를 다한 경우에는 교사가 민·형사상 책임을 면할 수 있게 된다.

교육 현장도 발 빠르게 움직일 필요가 있다. 예컨대, '정상수업 보호제'와 같은 제도 도입이다. 이 제도의 핵심은 간단하다. 정상적인 교육 활동 중 발생한 사고는 교사가 아니라 교육청이 우선 책임지는 것이다. 법률 지원, 심리 지원, 대처 매뉴얼 실행, 갈등 조정까지 교육청이 즉각 개입하는 시스템을 갖춘다는 뜻이다. 이렇게 되면 선생님은 교육 활동의 본래 목적에 집중할 수 있다. 수학여행이든 체육활동이든 탐구형 활동이든, '내가 모든 책임을 떠안게 될지 모른다'는 두려움 대신 '학생들이 무엇을 배울 수 있을까'에 집중할 수 있게 된다.

교권 침해 문제도 같은 맥락이다. 교사가 상담 중 녹취를 당하고, 수업 중 폭언을 듣고, 무고성 민원을 경험해도 대부분 경우 교사가 혼자 감당해야 한다. 한국교원단체총연합회의 자료에 따르면, 교권 침해와 관련하여 교원 상담 건수는 2021년만 해도 1만 건이 훌쩍 넘었다고 한다. 갈수록 교권 침해는 늘어나는 추세다. 교사가 움츠러들고 지칠 수밖에 없다.

교사가 심리적으로 지치면 수업의 질이 떨어지고, 학생과의 관계도 악화된다. 이러한 문제는 구조적으로 해결해야 한다. 가령, 교육청에 '교권 원스톱 지원센터'를 설치해 법률팀, 전문 상담팀, 갈등 조정팀이 즉시 개입하는 것이다. 교사는 혼자가 아니다. '내 뒤에는 교육청이 있다'는 든든한 감각을 교실 곳곳에 심어주는 것이 바로 리더의 역할이다.

교사의 안정은 단순한 업무 지원이 아니라 교육의 품위를 지키는 일이다. 늦은 밤까지 아이들의 과제를 보고, 주말에도 대회를 준비해 주고, 문제 학생을 포기하지 않고 끝까지 돕는 이 나라의 수많은 교사는 사실상 교육공동체를 묵묵히 지탱해온 '버팀목'이다. 그러나 지금 우리는 그분들의 열정과 헌신을 당연하게 소비하고 있다. 교사가 안심해야 아이들이 배운다. 교사가 존중받아야 교육이 바로 선다. 결국 교사를 보호하는 일은 아이들의 미래를 보호하는 일과 같다.

교사는 시민이자 시민을 기르는 사람이다

교사의 정치 참여 문제는 한국 교육에서 오래된 논쟁이다. 그러나 나는 이 문제를 단순히 "허용해야 한다 vs 금지해야 한다"의 이분법으로 접근하고 싶지 않다. 교사는 시민이다. 교사도 대한민국 국민으로서 정치적 의견을 가질 수 있고, 선거에 참여할 권리도 있으며, 사회적 의제에 관해 의견을 말할 권리도 있다. 이 권리를 억압하는 것은 민주주의를 스스로 훼손하는 일이다. 교사가 교실 밖에서 시민으로 살아가는 것은 지극히 당연한 일이자 헌법이 보장한 기본권이다.

그러나 동시에 교사에게는 또 하나의 중요한 역할이 있다. 교실 안에서의 중립성 유지다. 교사가 특정 정치적 입장을 교실에서 드러내는 순간, 학생들은 혼란스러워지고 학부모의 신뢰는 흔들린다. 특히 한국처럼 입시 중심의 공교육 구조에서는 교사의 말 한마디가 학생에게 절대적 영향력을 갖는다. 그렇기에 교실의 중립성은 교사의 정체성을 억압하기 위한 장치가 아니라 학생들의 안전한 학습권을 지키기 위한 보호막이다.

이 두 가치는 대립하는 것이 아니다. 동시에 굴러가는 수레바퀴가 되어야 교사의 권리를 지키면서 교실의 혼란을 막을 수 있다. 교사는 교실 밖에서는 자유롭고 존중받는 시민으로 살고, 교실 안에서는 최고의 교육자로서 중립을 지키는 것이다. 이는 유럽의 여러 교육 정책과도 일맥상통한다. 프랑스 교육부는 '적극적 중립성'이라는 개념을 통해 교사의 정치적 권리를 인정하면서도 교실 안에서는 사실 기반의 설명, 다양한 관점 소개, 균형 있는 토론 진행을 요구한다. 중립성은 침묵이 아니라 공정함이다. 교사의 정치적 권리를 지우는 것이 아니라 교실의 영향력을 바람직하게 사용하는 방식으로 중립성을 재해석하는 것이다.

이러한 원칙은 제도화로 명확히 해야 한다. 우선, 교사의 시민권을 보장한다. 사회 현안에 대한 의견 표현, 공적 담론 참여, 투표 등은 교사에게도 마땅한 권리다. 둘째, 교실 안에서는 정파적 발언을 금지하고, 사실 기반의 설명과 다양한 관점을 소개하는 방식으로 사회를 가르쳐야 한다. 셋째, 교사가 중립성을 지키는 과정에서 발생하는 민원과 갈등은 교육청이 직접 개입해 교사를 보호할 필요가 있다. 넷째, 교실 중립성 교육을 교사 연수 과정에 정식으로 포함해 교사가 스스로 균형을 잡을 수 있도록 도울 수 있어야 한다. 이러한 원칙의 제도화가 되어야 실질적인 교사의 권리 보호와 교실의 정치적 중립성을 지킬 수 있지 않을까.

결국 이 모든 논의의 목적은 하나다. 아이들이 스스로 사고하고 판단할 수 있는 힘을 갖도록 하는 것이다. 정파적 주입식 교육이 아니라 비판적 사고를 배우는 교실, 교사도 시민으로서 존중받고 학생도 보호받는 교실, 교사는 위축되지 않고 학생은 위압 받지 않는 교실을 만들어야 한다. 교사가 안심하고 서 있는 교실은 아이들이 끝없이 질문할 수 있는 공간이 된다. 교사는 교육자로서 당당해지고, 학부모는 학교를 신뢰하기 시작한다. 그리고 그 신뢰는 결국 도시 전체의 교육 문화를 바꾸는 힘이 된다.

흔들리지 않는 교실의 조건

교사가 흔들리면 아이가 흔들린다. 이것은 교실을 조금이라도 경험해본 사람이라면 누구나 알고 있는 사실이다. 아이들은 어른보다 예민하고, 어른보다 직관적이며, 어른보다 더 빠르게 주변의 분위기를 읽는다. 교사가 불안해하는 교실에서는 아이들의 눈빛이 먼저 흔들린다.

아이들은 "오늘 선생님이 괜찮을까?", "이 수업은 무너지지 않을까?", "지금 이 상황에서 내가 무엇을 해야 하지?"라는 보이지 않는 질문에 사로잡힌다. 결국 배움은 뒷전이 되고, 교실은 '수업 공간'에서 '긴장 공간'으로 변한다. 교사의 감정과 안정감은 아이의 배움과 삶을 결정하는 가장 중요한 축이다.

　문제는 교사 개인의 능력으로는 이 불안정한 현실을 막아낼 수 없다는 점이다. 오늘의 교육 현장은 교사에게 '수업'보다 '책임'을 먼저 요구한다. 민원 대응, 학부모 설득, 법적 위험 감수, 서류 처리, 출결·증빙·평가 등으로 교사는 매일 교육 외 업무에 짓눌린다. 교권 침해 사건이 발생할 때마다 교사는 "이번엔 내가 뭔가 잘못했나?"라는 자책을 해야 하고, 비난이 쏟아질까 두려워 말을 아끼며 조용히 상황이 지나가기를 기다린다. 이것은 결코 개인의 의지나 역량으로 해결할 수 없는 문제이며, 제도와 교육행정이 교사를 뒷받침하지 못한 구조적 실패의 결과다.

　나는 교육을 바로 세우려면 교사를 먼저 세워야 한다고 믿는다. 교사가 안정감을 회복하는 순간 아이의 눈빛이 달라지고, 교실 분위기가 달라지고, 학부모의 기대가 달라진다. 교육의 중심은 늘 교실이고, 교실의 중심은 언제나 교사다. 그래서 교사를 지키는 제도는 교사의 편의를 넘어서 아이의 학습권을 지키는 일이자, 교육 전체의 존엄을 세우는 일이다. 교사가 흔들리지 않는 도시, 교사가 두려움 없이 가르칠 수 있는 도시, 교육청이 교사 뒤에 당당히 서는 도시. 그 기반 위에서만 교육은 새롭게 출발할 수 있다.

교사가 흔들린 게 아니라 제도가 무너졌다

교실이 붕괴되는 이유를 교사 개인에게 돌리는 시선은 매우 위험하다. "요즘 교사가 예전 같지 않다", "열정이 부족하다", "학생을 다룰 능력이 없다"는 비난은 현실을 왜곡하며 해결책과 더 멀어지게 한다. 교사의 무력감은 능력이 부족해서 생긴 것이 아니라 제도가 교사를 지켜주지 못했기 때문에 생긴 것이다.

OECD가 주관한 '교원 및 교직 환경 국제비교 조사(Teaching and Learning International Survey) 2024'에 따르면, 우리나라 교사의 근무 시간은 주 40시간 이상으로 OECD 평균보다 많다. 그런데 이 중 수업 시간은 주 18시간에 불과했다. 근무 시간의 대부분을 수업 외 업무에 쏟아붓는 중이다. 반면에 '교사효능감' 지수는 OECD 평균보다 낮게 집계됐다. 교사효능감이란 '교사가 학생들을 잘 가르칠 수 있다'는 신념을 나타낸다. 이와 관련한 질문에서 우리나라 교사들이 '잘할 수 있다'고 응답한 비율이 OECD 평균보다 낮았다.

OECD는 특히 한국 교사의 '주당 평균 행정 관련 업무 시간'이 8시간이라고 밝혔다. OECD 평균 4.7시간보다 3.3시간 더 많다. 그만큼 우리나라 교사들이 행정 업무에 할애하고 있다. 이는 조사에 참여한 54개국 중 3번째로 많이 행정 업무에 시간을 쓰고 있었다. 교사들이 일과 중에서 상당 시간을 행정과 민원 업무에 사용한다. 이처럼 수업 준비보다 민원 대응을 먼저 걱정해야 한다면 교사라는 직업의 본질에 대해 고민할 수밖에 없다. 교육이 아닌 업무가 교사를 삼키는 구조에서 교육의 질이 유지되기를 기대하는 것은 어불성설이다.

영화 〈머니볼〉에는 잘못된 평가 기준을 쓰면 뛰어난 선수도 쓰지 못하게 된다는 것을 보여주는 장면이 나온다. 지금 한국의 교육 시스템은 이와 비슷하다. 제도는 교사를 평가하면서도 동시에 교사를 무력화시키는 구조를 양산한다. 제도적 지원 없이 "좋은 교사가 되라"는 요구는 사막 한가운데서 식목하라는 것과 같다. 아무리 열정 있는 교사라도, 아무리 교직을 사랑하는 교사라도 제도가 허용하지 않는 범위 밖에서는 단 한 걸음도 움직일 수 없게 되어 있다.

수업 중에 발생한 사고의 법적 책임이 교사 개인에게 직접 전가되기도 하고, 학부모 민원의 강도는 소셜미디어와 메시지 앱을 통해 과거보다 훨씬 즉각적이고 공격적으로 바뀌었다. 교사는 이제 수업 내용보다 민원 대응 문구를 더 고민해야 하는 시대에 살고 있다.

역사에서도 제도가 구성원을 지켜주지 못할 때 어떤 결과가 나타나는지 수없이 증명됐다. 로마군이 강했던 이유는 병사들의 용맹이 아니라 지휘관의 '책임' 문화였다. 전투에서 병사의 과실로 패배해도 지휘관이 먼저 책임을 졌다. 그래서 병사들은 지휘관을 믿고 앞장섰다. 반대로 지휘관이 병사를 탓하기 시작하면 군대는 바로 붕괴했다. 교육도 똑같다. 제도가 교사 뒤에 서지 않으면 교사는 스스로를 탓하게 되고, 아이는 그 혼란을 고스란히 떠안게 된다. 교사의 흔들림은 제도의 책임이며, 그것을 방치하는 순간 아이의 배움이 무너진다.

교사가 혼자가 아닌 교실을 만든다

그래서 교사가 두려움 없이 가르칠 수 있도록 하는 구조가 갖춰져야 한다. 이를테면 '정상수업 보호 루틴' 같은 것이다. 이것은 실제 작동하는 일종의 '시스템적 방패'다. 교사가 수업에 집중하고, 문제가 생기면 교육청이 즉시 개입하여 교사를 보호하는 구조를 만들자는 것이다. 이 루틴의 핵심은 교사가 더 이상 혼자가 아니라는 것을 제도가 입증하는 것이다.

첫째, 교권 침해나 수업 방해가 발생하면 교사가 직접 대응하지 않도록 해야 한다. 교육청의 법률팀·심리팀·행정

팀이 동시에 움직이는 3중 방어체계를 구축하는 것이다. 이는 서울시교육청이 교실 내 폭언이나 폭행, 수업 방해, 기물 파손 등 심각한 교육 활동 침해에 즉각 대응하기 위해 마련한 제도인 '긴급교실안심SEM'을 보더라도 지자체 교육청에서 충분히 시행할 수 있다. 이러한 제도를 시행한다는 소식이 알려지자, 여러 현장 교사가 "처음으로 누군가 내 뒤에 서 있다는 느낌을 받았다"고 말했다고 한다. 대전에서도 이러한 대응 체계를 갖춘다면 교권 보호에 상당한 도움이 될 것이다.

둘째, 교사 업무 중 가장 교사를 지치게 하는 요소인 '잡무'를 대폭 축소해야 한다. 가령, 인공지능 기반 행정 자동화 시스템을 도입해 출결·기록·서류·안전교육 등 반복 업무를 자동화하는 것이다. 교사의 시간은 반드시 아이로 돌아가야 한다.

셋째, 교실 안전을 교사에게 떠넘기는 기존 구조를 바꿔야 한다. 수학여행·체험학습·실험·체육 수업 등에서 발생한 사고는 과실이 명확하지 않으면 교육청이 책임지는 시스템을 법과 조례로 명문화하는 것이다. 사고 발생 시 교사가 개인적으로 법적 대응을 준비하지 않아도 되도록 보호 장치가 마련되어 작동하는 등 이러한 수준의 보호막이 있어야 교사들도 심리적 안전감을 가질 수 있다.

넷째, 연수는 '강제 수강'이 아니라 '현장 코칭' 중심으로 전환해야 한다. 이러한 모델은 세계적으로 인정받는 교사 전문성 향상 모델이다. 대전도 이 모델을 도입해 교실 안에서 실시간으로 피드백하고 지원하는 연수 체계로 전환할 필요가 있다.

다섯째, 교사와 교육청의 관계를 근본적으로 다시 설정해야 한다. 교사가 문제가 생겼을 때 "교육청이 나를 감시한다"가 아니라 "교육청이 나를 보호한다"라고 느끼는 구조가 되어야 한다. 교사가 혼자 민원을 감당하는 순간 교실은 위축되고, 그 위축은 아이의 학습권 침해로 이어진다. 교사의 체면을 지키는 일이 아이의 미래를 지키는 일과 직결된다.

나는 교육이 살아나는 도시의 공통점을 늘 눈여겨본다. 그것은 특별한 시설도, 특별한 정책도 아니다. 언제나 "교사가 안정되어 있는가?"였다. 교사가 두려워하지 않는 교실에서 아이는 마음을 열고, 질문을 던지고, 실수의 용기를 배운다. 따라서 제도가 교사를 지키는 일은 단순한 행정 조치가 아니라 다음 세대의 삶을 지키는 일이다. 교사가 흔들리지 않는 도시, 교사가 보호받는 도시, 교사가 안전한 도시. 이런 도시가 됐을 때, 교사뿐만 아니라 아이들과 학부모들도 안정될 수 있다.

안전은 교실의 최소 조건이다

아이를 학교에 보내는 부모의 마음에는 언제나 두 가지 감정이 함께 있다. '잘 다녀오겠지'라는 희망과 '혹시 무슨 일이 생기지 않을까' 하는 불안이다. 하지만 지금의 학교 시스템은 이 두 감정 중 후자를 줄여줄 방법을 거의 제공하지 않는다. 학교 건물이 얼마나 오래되었는지, 내진 보강은 어느 정도 이루어졌는지, 급식실은 안전한지, 통학로는 위험하지 않은지, 부모는 모든 것을 '알려주면 알 수 있는' 수준이 아니라 '알려주지 않으면 알 수 없는' 구조 속에 있다.

학교 안전은 감에 의존하는 것이 아니라 확인할 수 있는 정보가 되어야 한다. 부모가 확인할 수 없는 안전은 사실상 존재하지 않는 안전이다. 아이들이 학교에서 배우는 6시간 동안 부모는 그저 기다릴 뿐인데, 그 기다림이 '막연한 신뢰'가 아니라 '근거 있는 신뢰'가 되려면 학교 안전은 투명해야 한다. 그래서 안전은 행정의 언어가 아니라 보여주는 언어로 바뀌어야 한다.

학교별 위험 요소를 가시화하고 데이터를 공개하며 '문제 발견-조치-완료 보고'까지 투명하게 드러내는 체계를 만든다면, '말로 하는 안전'이 아니라 '증명되는 안전'으로 전환할 것이다. 학교가 믿음이 되는 순간, 부모의 하루는 편안해진다. 그 편안함을 교육의 기본값으로 삼아야 한다.

학교 안전을 '보이는 안전'으로 바꾸는 일

많은 사고는 사전에 감지할 수 없어서가 아니다. 감지할 수 있는 정보가 있었는데도 '보이지 않아서' 발생한다. 오래된 학교 건물의 내진 보강 상태, 급식실 배수관의 노후 정도, 통학로의 불법 주정차 현황 등은 모두 관리되고 있음에도 불구하고 학부모에게는 투명하게 전달되지 않는다. 더 큰 문제는 이와 관련한 정보는 '찾아보는 사람'에게만 보이지, 부모에게 자동으로 전달되는 것이 아니다. 안전은 알고 싶은 사람만 아는 정보가 되어서는 안 된다. 그래서 '학교 안전 대시보드'와 같은 시스템을 구축하여 학부모가 언제든지 확인할 수 있도록 공개하는 게 필요하다.

이 대시보드는 단순한 행정 보고서가 아니라 지도 기반의 시각화 시스템이다. 학교의 내진 보강 현황, 화장실·급식실 위생 점검 결과, 시설 노후도, 전기·방수·배수 상태, 통학로 위험 지점, CCTV 사각지대 등을 한눈에 볼 수 있다.

통학로 안전도 마찬가지다. 어린이보호구역을 설정했다고 하지만, 여전히 사고는 발생한다. 그런데 정작 그 주변의 실제 위험도가 학부모에게 실시간으로 공개되는 시스템은 거의 없다. 대전 역시 교문 앞 불법 주정차 문제, 신호 미준수 차량, 사각지대가 오랫동안 지적되었지만, 위험이 정량화되지 않아 개선 압력이 생기지 않는 구조였다. "보이지 않는 위험은 사라지지 않는다"는 것은 안전 분야의 오래된 법칙이다. 위험을 드러내는 순간 오히려 관리할 수 있게 된다.

학교 안전 대시보드는 단지 데이터 공개가 아니라 행정의 작동 방식을 바꾸는 도구가 된다. 정보가 드러나면 개선의 우선순위가 명확해지고, 예산 역시 정확한 곳으로 배분된다. 이는 뉴욕시 교육청이 급식실 위생 검사를 온라인으로 공개한 뒤 위생 등급이 개선된 사례를 통해서도 입증되었다. 투명성은 비용 대비 효과가 가장 큰 안전 정책이다. 정보가 공개되면 방치가 사라지고, 방치가 사라지면 위험이 감소한다. 그래서 학교 안전을 '보이는 안전'으로 바꾸는 것이야말로 확실히 체감할 수 있는 교육의 혁신이 될 것이다.

안전은 약속이 아니라 확인이다

학교는 본질적으로 아이들이 움직이고 부딪히며 배우는 공간이다. 그 말은 곧 작은 사고는 언제든 발생할 수 있다는 뜻이고, 사고의 가능성을 완전히 없애는 방식만으로는 교사도 학생도 위축될 수밖에 없다. 지금까지 교육청의 안전 정책은 "사고를 피하는 교육"에만 머물렀다면, 이제는 "사고가 나면 적극적으로 책임지는 교육"으로 전환되어야 한다. 안전의 핵심은 '무사고'와 더불어 '책임'이다.

특히 통학 안전은 단순히 학교의 문제가 아니라 지자체·경찰·교육청이 함께 만들어야 하는 공동 시스템이다. 학원 차량, 학교 통학버스·등교 차량까지 통합 관리를 할 수 있는 시스템을 구축해야 한다. 지자체와 경찰, 교육청 합동 점검을 정례화하면 사고 가능성을 크게 줄일 수 있다.

또한 학교 과밀 문제는 단지 공간 부족이 아니라 안전 문제와 직결된다. 예를 들어 소규모 학교를 도서관·체육관·문화 시설과 결합한 복합 캠퍼스로 재구조화해 지역 공동체의 안전성과 접근성을 높일 수 있다. 대전에서도 과밀 지역의 학생 배치를 조정하고, 소규모 학교는 주민 복합 시설과 결합해 안전하면서도 효율적인 구조로 재편하는 게 가능하다.

하지만 무엇보다 중요한 것은 '발견-조치-결과 공개'의 3단계 원칙을 학교 행정의 기본값으로 삼는 것이다. 위험 정보는 발견·조치·평가를 연속적으로 공개해야 신뢰가 만들어진다. 이를 학교 안전에 적용하면 다음과 같은 체계가 된다. 교실·복도·급식실·통학로에서 위험을 발견하는 게 1단계다. 2단계는 즉시 공사·보수·시설 교체 등 조치하는 과정이다. 마지막 3단계가 중요하다. 학부모에게 조치 결과를 사진·날짜·문서로 공개하는 것이다.

안전은 정보가 완결될 때 완성된다. 지금까지는 발견과 조치만 있었고, 평가와 결과 공개가 없었기 때문에 신뢰가 아예 형성되지 않았다. 이러한 구조는 확 바뀌어야 한다. 대전의 학교는 앞으로 위험이 생기면 숨기지 않고, 발견된 즉시 알리고, 조치를 밝히고, 조치의 완료를 증명하는 시스템으로 운영되어야 한다. 이 철학은 한마디로 정리된다.

"안전은 약속이 아니라 확인이다."

　　부모가 학교 안전 정보를 확인할 수 있을 때, 교사는 안전 문제 때문에 위축되지 않고 수업에 집중할 수 있고, 아이들은 더욱 안전한 환경에서 자랄 수 있다. 안전은 결코 추상적인 가치를 말하는 것이 아니다. 안전은 투명하게 보이고, 투명하게 기록되고, 투명하게 책임지는 시스템 속에서만 존재한다. 대전의 학교가 부모에게 신뢰를 요구하는 시대는 이제 끝나야 한다. 부모가 확인할 수 있는 학교, 확인할 수 있어서 믿을 수 있는 학교, 그 학교를 만드는 것이 "안심할 수 있는 학교, 확인할 수 있는 안전"이다.

9장

포용과 미래를 설계하다

한 명의 아이도 놓치지 않는다

단 한 명의 아이도 포기하지 않겠다는 말은 정치적인 수사가 아니다. 현장에서 아이들을 오래 지켜본 사람이라면 누구나 한 번쯤은 이 말을 속으로 되뇌었을 것이다. 특히 공부가 느린 아이, 가정 형편이 어려운 아이, 관계에서 자꾸 상처받는 아이를 마주할 때 그렇다. "저 친구는 어쩔 수 없지" 하고 선 긋는 순간, 교육은 멈춘다. 그 선을 긋지 않는 교육이 되어야 한다. 그러려면 인성 교육과 돌봄, 그리고 예체능이 한 몸처럼 굴러가야 한다.

예체능 현장은 경쟁과 협동, 인성과 돌봄이 동시에 돌아가는 살아있는 교실이다. 달리기 시합을 보면 누구나 1등을 하고 싶어 한다. 그러나 반칙을 하면 시합 자체가 무효가 된다. 이기고 싶다는 마음과 규칙을 지키려는 마음이 맞붙으며 아이들의 도덕적 근육이 자란다.

농구는 다섯 명이 함께 뛰지 않으면 이길 수 없는 경기다. 누군가는 리바운드를 위해 묵묵히 골 밑을 지키고, 누군가는 패스를 먼저 보고 움직인다. 희생과 협동, 경쟁심과 배려가 동시에 요구되는 공간이 곧 예체능 교육이다. 한여름 땡볕에 땀을 뻘뻘 흘리며 축구를 하는 아이들은 이미 인성 발달의 기본기를 갖춘 아이들이다. 그 시간에 에어컨이 나오는 방에서 휴대폰 게임을 할 수도 있는데, 굳이 밖으로 나와서 친구들과 땀 흘리며 어울린다. 몸을 움직이고 타인과 부딪히며 규칙을 지키는 경험은 단순한 놀이가 아니라 가능성의 스위치를 켜는 과정이다.

나는 대학교수가 된 뒤에도 그 믿음을 놓지 않았다. 그래서 졸업여행을 관광버스와 유흥으로 채우고 싶지 않았다. "어디 가서 놀다 온다"로 끝나는 졸업여행 대신, 학생들이 평생 기억할 만한 도전의 경험을 선물하고 싶었다. 그때 내가 선택한 무대가 설악산이었다.

논산에 있는 대학에서 밤 8~9시에 출발해 다음 날 새벽녘 설악산 입구에 도착한다. 잠깐 쉰 뒤에 해가 떠오를 즈음 대청봉을 향해 오른다. 이 코스는 아마추어에게 결코 만만찮은 여정이다. 지금 생각해도 "내가 참 무모했구나" 싶지만, 그만큼 학생들의 가능성을 믿고 싶었다.

끝까지 함께 가는 교육이어야 한다

내가 세웠던 원칙은 "위험하면 포기한다. 하지만 할 수 있는 도전이라면 끝까지 함께 간다"라는 것으로 단순했다. 즉 안전을 전제로 한 도전이었다. 등산을 떠날 때는 늘 안전을 최우선으로 뒀다. 학생들에게 몇 주 전부터 신신당부했다. "등산화와 등산복은 필수다. 설악산은 운동장 한 바퀴 도는 산이 아니다. 준비 안 된 사람은 정상까지 갈 수 없다."

실제로 등산로 입구에서는 한 명 한 명 복장을 점검했다. 어떤 학생은 얇은 가을 코트에 하이힐을 신고 오기도 했다. 나는 미안하지만, 그 학생을 산행에서 배제했다. "오늘 이 산은 너에게 너무 위험하다. 너는 산행에 참여할 수 없다." 그게 그 학생을 위한 배려이자, 다른 50여 명의 안전을 지키는 최소한의 책임이라고 생각했다.

그런데 어느 해, 유난히 내 눈에 밟히는 여학생이 있었다. 누가 봐도 상당한 비만이었다. 조금만 걸어도 숨이 찰 것 같은 체력이었다. 험한 산길을 오래 오르내리는 등산에는 도무지 어울리지 않는 몸이었다. 솔직히 고민이 많았다. "지금 돌려보내야 하나, 함께 가야 하나" 하며 그 학생을 살폈다. 준비가 부족해 보였지만, 그 학생의 눈빛만은 누구보다 단단했다.

"교수님, 저도 끝까지 한번 해보고 싶습니다." 그 말을 듣는 순간, 시작도 해보기 전에 너는 안 된다고 말할 수는 없었다. 결국 나는 타협점을 찾았다. 예비역 학생 한 명에게 무전기를 쥐여 주고 말했다. "너는 오늘 이 친구의 짝꿍이다. 속도는 이 친구에게 맞추고, 상황이 안 좋으면 즉시 나에게 연락해라. 무리다 싶으면 중간에서 하산하도록 하자."

50명이 넘는 학생들을 데리고 먼저 하산하는 동안, 나는 계속 무전기를 붙잡고 있었다. "지금 어디쯤이냐?", "숨은 괜찮냐?", "다리에 힘은 남아 있냐?" 내가 묻고, 예비역 학생은 "천천히 내려오고 있습니다. 포기하자는 말이 한 번도 안 나옵니다"라고 답했다. 그 몇 시간은 내게도 긴장의 연속이었다.

해가 기울 무렵, 멀리서 두 사람의 모습이 보였다. 그 학생과 예비역이 함께 땀에 흠뻑 젖은 채 하산 지점에 나타났다. 놀라운 일이었다. 모두 불가능하다고 생각했던 코스를 그 학생은 끝까지 완주했다. 학생들이 손뼉 치며 둘을 맞이했다. 주위의 등산객들도 모두 환호성을 지르며 환영했다.

그 학생은 숨이 차서 말을 잇지 못하면서도 눈빛만은 환하게 빛났다.

그날 그 학생은 나에게 고맙다고 말했지만, 사실은 내가 더 고마웠다. '불가능에 도전하는 의지'는 위인전 속에 나오는 영웅들만의 자산이 아니라는 것을 그 학생이 몸으로 보여줬기 때문이다. 마음속 스위치만 한 번 켜주면, 그동안 스스로 '나는 원래 안 되는 사람'이라고 규정하던 아이들도 전혀 다른 존재가 된다. "그래, 나도 할 수 있구나"라는 깨달음은 성적이 올랐을 때 느끼는 만족감과는 차원이 다르다. 그 순간부터 아이는 자기의 가능성을 믿기 시작한다.

교육자는 바로 그 스위치를 켜주는 사람이라고 나는 믿는다. 수업을 따라오지 못하는 아이, 가정 형편이 어려운 아이, 관계가 서툰 아이를 뒤에 남겨두는 순간, 그 학교의 교육은 이미 실패한 것이다. 적어도 대전에서는 기초학력 때문에 아이를 포기하는 일은 없다는 말이 당당하게 나왔으면 하는 바람이다.

체육 시간에 함께 땀을 흘리며 몸을 움직이는 경험, 음악·미술 시간에 자기 감정을 표현하는 경험, 방과 후에 교사가 옆에 앉아 이야기를 들어 주는 시간은 모두 "너를 포기하지 않는다"는 메시지다. 아이는 말을 정확히 해석하지 못하더라도 그 시간과 시선 속에서 "나는 쓸모 있는 사람이다,

나는 사랑받는 사람이다"라는 감각을 얻게 된다. 이것이 인성 교육과 돌봄의 본질이고, 내가 예체능을 그렇게 강조하는 이유이기도 하다.

그래서 나는 종종 미군의 전장 원칙인 "No one left behind(단 한 명도 버리지 않는다)"를 떠올린다. 실제로 많은 전쟁 사례에서 병사들은 이 원칙 때문에 서로를 구했고 공동체가 유지되었다. 교육도 마찬가지다. 단 한 명의 아이도 뒤에 남겨두지 않는다는 원칙을 세워야 한다. 그 원칙이 공동체를 단단하게 만든다.

불안을 줄이고 가능성의 스위치를 켜라

사교육 이야기를 할 때마다 사람들은 이렇게 말한다. "부모들이 욕심이 많아서 그렇지." 물론 욕심도 한몫한다. 그러나 내가 현장에서 만난 수많은 학부모의 얼굴을 떠올려 보면, 그 이면에는 더 큰 감정이 자리하고 있다. 바로 불안이다. "혹시 우리 아이 기초가 흔들리는 건 아닐까?" "좋은 대학에 못 가면 인생이 막히는 건 아닐까?"라는 이 두 가지 불안이 사교육 시장을 움직이는 가장 핵심적인 연료다. 사교육은 지식을 파는 산업이기도 하지만, 더 본질적으로는 불안을 파는 산업이다. 불안이 클수록 지갑은 더 쉽게 열린다.

그래서 나는 사교육을 줄이는 길을 단순히 "학원을 규제하겠다"는 방식으로 보지 않는다. 사교육을 줄인다는 말은 곧 "불안을 줄이겠다"는 말이어야 한다. 불안이 줄어들지 않으면 규제가 풀리는 순간 다시 원위치한다. 불안을 줄이려면 세 가지 축이 튼튼해져야 한다. 첫째, 기초학력에 대한 책임이다. 둘째, 수월성 교육의 공교육 내 흡수다. 셋째, '정보 불안'을 덜어주는 시스템이다.

우선 기초학력부터 보자. 지금까지 우리 교육은 기초학력 보장을 '부모 책임'으로 돌려왔다. 학교는 시험지를 건네주고, "기초가 부족합니다"라는 진단만 내린다. 그다음은 사실상 각 가정의 몫이었다. 그래서 불안해진 학부모들은 사교육을 선택한다. "학교가 끝까지 책임져 주지 않을 텐데, 내가 대신 준비시켜야지"라고 말이다.

이러한 구조가 바뀌어야 한다. 기초학력은 부모의 개인적 책임이 아니라 학교와 교육청이 함께 짊어져야 할 공적 책무라고 보기 때문이다. 담임이 먼저 발견하고, 학년이 설계하고, 교육청이 실질 인력을 투입하는 구조가 갖춰지면, 부모는 더 이상 "우리 아이를 누가 책임지는가"라는 두려움에 떨지 않아도 된다.

둘째, 수월성 교육이다. 많은 부모들이 사교육을 끊지 못하는 이유는 "기초는 학교에서 보더라도 심화는 결국 학원에서 해야 한다"는 믿음 때문이다. 상위권 학생들, 특정 교과에 재능이 뚜렷한 학생들이 학교 안에서 충분히 도전하고 성장할 통로가 없으니, 부모들은 자연스럽게 학원의 문을 두드린다. 그래서 나는 정부가 추진하는 '서울대 10개 만들기' 구상을 긍정적으로 평가한다. 이 구상은 수도권에 집중된 상위 대학 위상을 지역거점국립대 중심으로 분산해 지역에서도 양질의 고등교육 기회를 확대하겠다는 방향이다.

대전 역시 카이스트·충남대·한밭대 등 탄탄한 대학 자원을 가지고 있다. 이러한 기반 위에서 고교학점제, 공동 교육과정, 대학 연계 심화 프로그램을 촘촘하게 설계해 상위권 학생들이 "심화 학습을 하려면 학원에 가야 한다"는 공식을 깨고, 학교 안에서 충분히 도전할 수 있는 환경을 만든다면 어떨까. 예를 들어 특정 과목에서 뛰어난 학생이라면, 대학 교수와 연계한 세미나와 연구 프로젝트에 참여할 수 있게 하고, 고교와 대학 연계 과목을 통해 학점까지 인정받도록 하는 것이다.

이렇게 공교육 안에서 수월성 교육의 통로가 열리면, 부모 입장에서는 굳이 비싼 사교육을 택하지 않아도 "우리 아이가 재능을 제대로 펼치고 있다"는 확신을 가질 수 있다. 사교육을 줄이겠다면, 공교육이 그만큼 '재미있고 깊이 있는 공부'를 제공해야 한다.

셋째는 '정보 불안'이다. 나는 사교육을 가까이서 보면, 절반은 지식을 가르치는 산업이고, 나머지 절반은 정보를 파는 산업이라는 생각이 든다. 입시 제도 변화, 학교별·학과별 전형 방식, 학생부 관리, 진로 설계, 적성 탐색 등 이런저런 정보들이 끊임없이 쏟아진다. 이 정보의 홍수 속에서 부모와 학생은 늘 뒤처질까 봐 불안해한다. 이때 사교육은 '정보의 번역자' 역할을 맡는다. "지금 이 타이밍에 이 학원을 다니지 않으면 뒤처진다"는 메시지가 부모의 마음을 흔든다.

이러한 정보 비대칭을 극복하려면 공교육 기반의 정보 플랫폼이 필요하다. 예컨대, 오프라인에서는 '안심 교육 아카데미'를 열어 학부모와 학생을 대상으로 정기적인 설명회를 연다. 여기서 기초학력 진단 결과를 읽는 법, 대입 제도 변화의 방향, 진로·진학 설계의 기본 원칙 등을 차근차근 안내하는 것이다. 온라인에서는 진학·진로·적성·학습 지원 정보를 통합한 플랫폼을 구축해 상담 예약, 자료 열람, 알림 서비스 등을 한 번에 해결할 수 있도록 한다. 쉽게 말해 학원 설명회에서 들을 법한 내용을 더 공정하고 투명한 방식으로 공교육이 제공하겠다는 뜻이다.

사교육을 줄이는 방법은 "하지 마라"가 아니라 "굳이 안 해도 되겠다"라는 감정을 부모와 학생에게 심어주는 것이다. 기초학력은 학교가 끝까지 책임지고, 수월성 교육은 공교육 안에서 도전할 수 있게 하고, 정보 불안은 교육청이 직접 덜어줄 때, 사교육은 자연스럽게 설 자리를 잃는다.

결국 "단 한 아이도 포기하지 않는 교육, 가능성의 스위치를 켜는 교육"은 구호가 아니라 시스템이다. 설악산을 끝까지 오른 그 학생처럼 지금도 많은 아이들이 "나도 할 수 있을까?"라는 두려움과 기대 사이에 서 있다. 그 아이들 곁에서 "할 수 있다, 함께 가자"고 말해주는 어른, 그 약속을 뒷받침하는 학교와 교육청이 있다면, 그 스위치는 언젠가 반드시 켜진다. 그리고 그런 도시가 바로 아이와 부모가 안심하고 웃을 수 있는 교육의 도시라고 나는 믿는다.

아이의 하루를 지키는 도시

아이를 키워본 부모라면 누구나 알고 있다. 아이의 하루는 거대한 사건이 아니라 작은 '틈'에서 무너진다는 사실을 말이다. 학교 수업이 끝나는 오후 3시. 부모가 퇴근하는 시간은 대부분 저녁 6시가 넘는다. 이 세 시간의 틈은 달력에서는 짧아 보이지만, 실제 아이에게는 기나긴 공백이다. 부모에게는 하루 중 가장 불안한 구간이다. 지금의 방과후 돌봄, 이른바 '늘봄 프로그램'은 바로 이 틈을 메우기 위해 만들어졌다. 그러나 현실은 그 틈을 메우지 못한 채 더 넓히고 있다.

어떤 학교는 돌봄 교실이 넓고 프로그램이 체계적이지만, 어떤 학교는 공간이 부족해 일반 교실을 임시로 전환해

쓴다. 심지어 대기자 수가 너무 많아 제도 자체가 의미를 잃기도 한다. 이렇게 제도와 현장 사이의 간극이 커지면 부모는 불안해지고, 아이는 방치되고, 교사는 돌봄 업무에 짓눌려 본연의 수업과 생활 지도가 약화된다. 마치 기차의 레일이 중간에서 끊어진 것처럼 아이의 하루가 덜컹거리며 흔들린다. 그 틈은 부모의 불안과 교사의 부담, 아이의 안전 문제를 동시에 부른다. 이 구조를 그대로 둘 수는 없다. 돌봄은 더 이상 '복지 서비스'가 아니라 아이의 안전한 하루를 지켜주는 권리여야 한다. 아이의 하루가 끊기지 않도록 만드는 일은 선택이 아니라 교육행정의 의무다.

돌봄은 복지가 아닌 권리다

돌봄이 권리가 되려면 가장 먼저 공간이 달라져야 한다. 지금처럼 일반 교실을 돌봄 교실로 재편한 임시적 구조로는 절대 안전과 질을 담보할 수 없다. 돌봄 공간의 표준 설계와 안전 기준을 반드시 마련해야 한다고 명시하고 있는데, 이는 현장에서 끊임없이 제기되는 요구를 제도화한 조치다.

이 제도의 실질적인 실현을 위해서는 대전의 모든 학교에 통일된 기준의 돌봄 공간을 구축하고, 채광·동선·안전장치·놀이와 휴식이 결합된 구조를 갖춘 표준 모델을 적용해야 한다. 돌봄 공간은 아이가 쉬고 배우고 안전하게 머무는 '두 번째 교실'이어야 하며, 정책이 "공간부터 아이의 눈높이로 다시 설계되는 것"이 돌봄 개혁의 시작점이 될 것이다.

두 번째는 인력의 전문화다. 지금까지 돌봄은 교사의 희생적 노동 위에서 유지됐다. 교과수업, 생활 지도, 학급 운영, 행정업무로 이미 업무가 과중된 교사에게 돌봄까지 맡기면 결국 어느 한 부분이 무너질 수밖에 없다. 교육과 돌봄을 분리해 '전문 돌봄 교사' 혹은 '아동코디네이터'를 배치하며 교사는 교육 본연의 역할로 되돌리는 정책을 시행해야 한다. 교사는 수업에만 집중하고 돌봄은 전문 인력이 맡는 구조가 구축되어야 한다. 돌봄은 결코 "교사가 남는 시간에 하는 일"이 아니라 아이의 일상을 지키는 엄연한 교육행정의 한 축이다.

세 번째는 정보의 투명화다. 지금 부모들이 돌봄에서 가장 불안해하는 이유는 정보가 닫혀 있기 때문이다. 대기자 명단이 어떻게 움직이는지, 안전사고는 있었는지, 인원 배치는 적정한지, 돌봄 프로그램은 무엇인지 알 수 없으니, 불안은 더 커진다. 그래서 돌봄 통합 플랫폼 구축을 통해 대기자·배정·프로그램 정보를 실시간 공개하는 정책 등이 필요하다. 이런 정보 공개는 단순히 행정 편의가 아니라 '불안을 줄이는 기술'이다. 모든 돌봄 정보를 대시보드 형태로 공개해 부모가 언제든지 돌봄 상황을 확인할 수 있다면 불안을 많이 줄일 수 있을 것이다. 돌봄의 신뢰는 설명이 아니라 '보이는 정보'에서 나온다.

마지막으로 맞벌이·한 부모·조손 가정을 지원하기 위한 저녁 8시까지의 '탄력 돌봄'을 확대할 필요가 있다. 가령, 저녁 시간에 휴식 중심의 프로그램을 운영하고 안전 관리 전담 인력을 배치해 아이가 지치지 않으면서도 안전하게 보호받도록 만드는 것이다. 돌봄은 시간을 더 늘리는 것이 아니라 '삶을 지켜주는 시간'을 설계하는 일이다.

출발선을 같게 만드는 도시

유치원과 어린이집의 이원화는 부모에게 혼란을 주는 정도를 넘어 아이들의 출발선을 갈라놓고 있다. 어떤 아이는 정규 교육과정 중심의 유치원에, 어떤 아이는 보육 중심의 어린이집에 가지만 이 차이는 제도적 문제일 뿐이다. 아이의 발달 요구와는 아무 상관이 없다. 출발선이 다르면 경험도, 준비도, 미래도 달라진다. 그래서 이 제도의 벽을 허물고 무상·맞춤형 유아교육 체계를 설계하는 게 필요하다.

　첫째는 기준의 통일이다. 교사 대 아동 비율, 안전·위생 기준, 프로그램 구성 등을 유치원과 어린이집 모두에게 동일하게 적용하는 등 새로운 유아교육 기준을 마련해야 한다. 기준이 통일되면 기관의 종류가 아이에게 주는 영향이 줄어들고, 부모는 "우리 아이가 어디에 가면 더 안전하고 더 잘 배울까?"라는 고민에서 벗어날 수 있다.

　둘째는 정보 접근성의 통합이다. 예를 들어 한 화면에 모은 '유아교육 통합 플랫폼'을 구축해 가까운 기관, 대기자 현황, 프로그램, 위생 점검 결과 등을 모두 공개하는 것이다.

　셋째는 취약지역 지원이다. 도시 내 취약지역은 기관 자체가 부족해 선택의 폭이 좁다. 그래서 이동식 프로그램과 순회 교사를 통해 격차를 완화할 수 있는 시스템을 구축하여 지원하는 것이다. 기관 부족 지역에 순회 프로그램과 통학 지원을 확대하여 출발선을 같게 해줘야 한다.

　넷째는 실질적 무상교육이다. 지금 무상 보육과 누리과정은 '부분 무상'에 가깝다. 특별활동비, 방과후 비용 등이 기관마다 달라 부모 부담이 상당하다. 이를 줄여야 한다. 프로그램 표준화를 하고, 지자체 지원 매칭으로 실질 무상 범위를 점진적으로 넓힌다면 충분히 가능하지 않을까. 출발선이 같아지는 순간, 아이들은 제각각의 속도로 건강하게 성장할 수 있다. 부모는 비교와 불안에서 벗어날 수 있다.

유아교육은 한 인간의 전 생애를 결정짓는 가장 깊은 뿌리다. 그 뿌리가 흔들리면 초등·중등 교육이 아무리 좋아도 효과가 약해진다. 아이의 하루를 지키는 돌봄과 아이의 출발선을 지키는 유아교육은 별개의 정책이 아니라 하나의 구조다. 아이의 오늘과 내일은 끊겨서는 안 된다.

함께 서는 자립을 위한
교육의 약속

교육은 결국 아이들이 자기 힘으로 설 수 있도록 돕는 일이다. 그런데 요즘 '자립'이라는 말을 듣다 보면 어딘가 낯설다. 언젠가부터 자립은 '각자도생', '살아남는 자가 강자'라는 말과 거의 같은 뜻으로 쓰이기 시작했다. 혼자서 모든 것을 감당해야 하고, 남보다 더 빨리, 더 높이 올라가는 사람이 진짜 자립한 사람인 것처럼 포장된다. 그래서 자립이라는 말이 어느 순간부터는 약한 사람에게는 감히 쓸 수 없는 말, 강자만의 언어처럼 들리게 됐다. "너 이제 다 컸으니까 혼자서야지"라는 말 뒤에는 "그러니 웬만하면 도움을 기대하지 마라"라는 숨은 메시지가 붙어 다닌다.

하지만 나는 그런 자립의 정의에 동의할 수 없다. 스스로 선다는 '自立'이라는 한자를 곱씹어 보면, 그 안에는 고립이나 단절의 의미가 아니다. 자기 다리로 서되 제자리를 찾는다는 뜻이다. 그런데 각자가 제자리를 찾는다는 것은 공동체의 톱니바퀴가 맞물릴 위치에 선다는 뜻이기도 하다. 즉 다른 이들과 함께 버틴다는 뜻이 담겨 있다. 우리가 살아가는 현실을 돌아봐도 그렇다. 한 사람의 삶은 언제나 관계 위에서 굴러간다. 누구도 완전히 혼자의 힘만으로 버틸 수 없다. 가정, 학교, 일터, 이웃과 공동체가 서로 기대고 떠받쳐 줄 때 비로소 한 사람이 온전하게 선다. 그럼에도 우리는 오랫동안 자립을 약육강식의 경쟁에서 살아남은 사람에게만 붙여주는 훈장처럼 생각하며 살아왔다.

지금 한국 사회는 그 왜곡된 자립의 결과를 온몸으로 겪고 있다. '각자도생'과 '승자 독식'이 미덕처럼 포장된 사회에서는 결국 누군가의 성공이 다른 누군가의 실패를 전제로 한다. 혼자 버티는 삶이 미화될수록 뒤에 떨어지는 사람들은 더 깊은 낙오감과 죄책감에 빠진다. 교육도 예외가 아니다. 아이들에게 "자립심을 길러주겠다"라면서 실제로는 성적 경쟁만을 부추기고, 실패한 아이에게는 "네가 덜 노력해서 그렇다"는 메시지를 끝없이 주입해 왔다. 그 결과, 자립은 약자를 밀어내는 말이 되었다. 함께 사는 힘은 교육의 중심에서 밀려났다.

진짜 자립은 혼자 버티는 힘이 아니라 함께 서는 힘이다. 스스로 설 줄 아는 사람은 필요한 순간 도움을 요청할 줄 알고, 다른 이가 넘어질 때 손을 내밀 줄 아는 사람이다. 고립은 자립이 아니다. 건강한 의존과 상호작용, 관계를 가꾸는 능력이 자립의 본질이다. 교육은 바로 이 능력을 길러줘야 한다. 아이가 혼자 살아남는 법이 아니라 함께 살아갈 힘을 배우는 곳이 되어야 한다.

한 사람의 성장이 모두의 기반이 될 때

자립은 승자 독식과는 가장 멀리 떨어진 개념이다. 승자 독식 구조에서는 한 사람의 성장이 곧 다른 이의 기회를 빼앗는 일이 된다. 반대로 공동체적 자립에서는 한 사람이 성장하면 그 에너지가 주변으로 번져 나간다. 돌봄을 떠올려 보면 쉽게 이해할 수 있다. 돌봄 시스템이 안정되면 부모는 일터에서 더 안정적으로 일할 수 있다. 노동이 안정되면 가계 경제가 튼튼해지고, 경제가 튼튼해지면 다시 교육과 돌봄에 투자할 여력이 생긴다. 이렇게 만들어진 선순환 구조는 다시 아이와 가족을 지탱한다. 한 집의 자립이 다른 집의 기반을 무너뜨리는 것이 아니라 서로를 받쳐주는 마중물이 된다. 이것이 내가 말하는 공동체적 자립이다.

또한 자립은 위험을 개인에게 떠넘기는 말이 되어서는 안 된다. 지금까지 우리는 실패한 개인에게 너무 쉽게 "네 탓"이라는 낙인을 찍어왔다. 취업에 실패하면 준비가 부족해서, 창업이 망하면 경영을 못 해서, 보호시설을 떠난 뒤 삶이 흔들리면 마음가짐이 약해서라고 말한다. 그러나 조금만 시야를 넓혀 보면, 그 실패 뒤에는 늘 구조와 제도가 따라붙어 있음을 알 수 있다. 진짜 자립은 "실패하면 네 책임"이라고 말하는 사회에서 나올 수 없다. 공동체가 위험을 함께 나누는 시스템을 갖추어야 개인도 다시 일어설 힘을 얻는다.

교육도 마찬가지다. 자립을 이야기하면서 아이에게만 책임을 떠넘기는 교육은 이미 절반은 실패한 교육이다. "네가 열심히만 하면 된다"는 말은 절반의 진실이자 절반의 폭력이다. 열심히 해도 기회를 얻지 못하는 아이들, 가난과 돌봄의 부재, 장애와 질병, 가족의 해체 같은 조건 속에서 출발선부터 다르게 서야 했던 아이들에게 "네가 제대로 자립하지 못한 건 네 탓"이라고 말하는 순간, 교육은 정의를 잃는다. 그래서 나는 자립을 개인의 성격이나 근성의 문제가 아니라 공동체의 책임으로 보아야 한다고 생각한다.

자립은 관계의 힘이다. 거미줄처럼 촘촘하게 엮인 사회

적 안전망과 서로 기대어 서 있는 관계의 네트워크가 있을 때, 비로소 개인은 자기 삶을 책임질 수 있다. 혼자 서 있는 것 같아도 사실은 수많은 보이지 않는 손과 시선이 그 사람의 삶을 떠받치고 있다. 교육이 해야 할 일은 바로 이 보이지 않는 연결을 가르치고, 함께 설 수 있는 조건을 만들어주는 일이다. 아이들이 친구와 협력하고, 갈등 속에서도 타협점을 찾고, 서로의 다름을 인정하는 경험을 충분히 하도록 돕는 것. 실패해도 다시 시도할 수 있는 환경을 만들어주고, 위험을 함께 감당해 주는 어른과 제도가 곁에 있음을 알려주는 것. 이것이 함께 서는 자립 교육의 핵심이다.

그렇기 때문에 자립은 더 이상 강자에게만 허락된 말이어서는 안 된다. 오히려 도움이 필요한 사람일수록, 돌봄과 지지가 절실한 상황일수록 자립의 언어가 더 필요하다. 공동체는 그들의 자립을 위해 존재하는 것이다. 개인의 부담을 덜어주고 실패를 함께 책임지는 구조를 만드는 것, 그 속에서 비로소 '함께 서는 자립'이 가능해진다. 대전 교육은 바로 이런 자립을 지향해야 할 필요가 있다.

교문 밖까지 이어지는 자립 교육

자립은 더 이상 복지의 언어나 행정의 용어로만 설명할 수 없다. 자립은 교육의 언어이자 인간의 언어다. 우리는 아이들에게 너무 쉽게 "이제 네가 다 컸으니 혼자 설 줄 알아야지"라고 말한다. 하지만 보호시설을 떠나는 청년, 가정의 안전망을 잃은 학생에게 그 말은 "이제부터는 네 인생을 홀로 책임져라"라는 냉혹한 선고가 되기도 한다. 사람은 혼자 설 때 완성되는 존재가 아니다. 함께 살아갈 때 비로소 인간이 된다. 그래서 나는 "자립은 혼자 사는 기술이 아니라 함께 살아가는 힘을 기르는 과정"이라고 말하고 싶다. 이것이 내가 대전 교육에서 세우고 싶은 철학이다.

교육은 제도와 절차를 넘어 사람을 세우는 일이다. 복지는 오늘을 지탱하지만, 교육은 내일을 준비한다. 성적과 스펙은 당장의 경쟁력을 만들어줄 수 있다. 하지만 삶의 방향과 존엄을 세워주는 것은 인성과 관계, 그리고 자립에 대한 올바른 이해다. 교육의 정의란 출발선의 불평등을 바로잡는 일이고, 성적을 위한 경쟁이 아니라 사람의 존엄을 세우는 정의여야 한다. 그래서 나는 자립의 문제를 단지 복지의 사각지대나 사후 지원의 문제로만 보지 않는다. 자립이 안 되는 청년들이 많다는 것은 곧 교육이 아직 끝나지 않았다는 증거다. 또한 교육의 정의가 완성되지 않았다는 신호다.

우리 교육은 교문 안에서는 너무 치열하다. 그런데 교문을 나서는 순간, 아이들의 이름이 너무 빨리 잊힌다. 고등학교 졸업식 날, 마지막 종이 울리는 순간 행정의 시간은 멈춘다. 그러나 그 아이의 삶은 그때부터 본격적으로 시작된다. 특히 보호시설을 떠나는 자립준비청년에게 학교의 마지막 종소리는 축하가 아니라 세상에 내던져지는 첫 신호이기도 하다. 그때 필요한 것은 또 다른 시험지가 아니다. 함께 걸어주는 어른 한 사람이다. 나는 교육의 책임이 교문 안에서 끝나서는 안 된다고 믿는다. 교육의 시간은 행정의 시간보다 길어야 한다.

그래서 필요한 게 고등학교 때부터 졸업한 뒤에도 한동안 교육이 아이와 함께 가는 체계다. 우선, 학교 안에서 '삶을 배우는 수업'이 이뤄져야 한다. 나는 이것을 생활 역량 교과라고 부른다. 학교는 지식만 가르치는 곳이 아니라 삶을 배우는 공간이 되어야 한다. 이 교과에서는 돈을 다루는 법, 일터에서의 권리와 책임, 주거 계약과 대출, 인간관계와 감정 조절, 나를 이해하고 타인과 협력하는 방법을 배운다. 고교학점제의 진로 선택 과목과 연계해 학생이 스스로 선택하고, 삶의 배움을 학점으로 인정받는 구조로 설계한다면 아이들에게 도움이 되지 않을까. 국어와 수학이 머리를 키운다면, 생활 역량 교과는 삶을 키우는 수업이다.

둘째, 졸업을 앞둔 시기를 '자립 이행 준비 주간'으로 만들 필요가 있다. 졸업은 끝이 아니라 세상을 준비하는 첫 출발이어야 한다. 이 기간에는 학교 안으로 세상이 들어온다. 주거를 담당하는 공공기관, 복지기관, 장학재단, 법률상담소, 고용센터가 학교로 찾아와 한자리에서 정보를 제공한다. 아이들은 여기저기 기관을 찾아다니며 서류를 떼지 않아도 학교 안에서 바로 세상을 준비할 수 있다. 졸업식 꽃다발로 끝나는 것이 아니라 자기 삶의 설계도를 손에 쥐고 교문을 나설 수 있도록 돕는 것이다.

셋째, 졸업 후 2년 동안 '청년 동행 지원망'과 같은 시스템이 만들어져야 한다. 학교를 떠났다고 해서 교육이 끝나서는 안 된다. 이 지원망은 교사, 상담사, 대학생 멘토, 지역사회가 함께 연결된 네트워크다. 담임이었던 교사는 연락의 끈을 이어 주고, 전문 상담사는 마음의 어려움을 돌본다. 대학생 멘토는 진학과 진로에 대한 현실적인 조언을 나누고, 지역사회는 일자리와 자립 기회를 제공한다. 교육청은 그 모든 연결이 끊어지지 않도록 조정자 역할을 한다. 이것은 서류를 관리하는 행정이 아니라 사람과 사람 사이의 관계를 이어주는 교육이다.

넷째, 자립은 '특정 집단의 과제'가 아니다. '자립준비청년'이라는 말조차 아이들에게는 또 다른 낙인이 될 수 있다. 그래서 '보편 맞춤형 교육복지'를 실현할 필요가 있다. 전교생이 함께 배우는 교실 속에서 도움이 필요한 학생은 조용히, 그러나 끝까지 지원받는다. 이름에 라벨을 붙이는 대신, 사람으로 기억하는 교육이다. 자립은 소수의 특수한 상황에 처한 청년만의 과제가 아니라 모든 아이가 언젠가 마주하게 될 삶의 과제이기 때문이다.

다섯째, "삶이 곧 배움"이라는 믿음을 교육의 중심에 두어야 한다. 자립은 누가 따로 가르쳐주는 기술이 아니다. 함께 배우고, 함께 실패하고, 함께 다시 일어나며 익혀가는 삶의 배움이다. 생활 역량 교과와 청년 동행 지원망, 자립 이행 준비 주간 같은 제도나 시스템은 결국 한 가지를 향해 있다. 교문 밖에서도 이어지는 관계, 사람을 남기는 교육을 만들겠다는 기성세대의 책임이다.

자립은 개인의 부담이 아니라 공동체의 책임이다. 대전 교육은 더 이상 혼자 살아남는 법만 가르치는 교육이 아니라 함께 살아가는 힘을 기르는 교육으로 바뀌어야 한다. 지식을 남기는 교육이 아니라 사람을 남기는 교육, 자기의 이익만을 위한 경쟁이 아니라 모두를 위한 자립을 실천하는 교육이어야 한다.

교문 밖에서도 이어지는 관계, 사람을 남기는 교육이어

야 한다. 교육은 교문 안에서 끝나는 게 아니라 교문 밖에서도 학생의 성장을 이어가는 일이다. 다시 한번 말하지만, 교육은 제도를 넘어 사람이 사람을 세우는 일이다. 대전 교육은 시험을 위한 교육이 아니라 삶을 위한 교육이어야 한다. 함께 살아가는 배움으로 바꾸어야 한다. 지식을 남기는 교육이 아니라 사람을 남기는 교육을 구현해야 아이들이 올곧게 성장할 수 있다.

다문화는 보호의 대상이 아니라
함께 배우는 관계다

아이들과 학부모를 만나 보면 다문화 이야기가 나올 때 분위기가 살짝 굳어지는 순간이 있다. '도와줘야 하는 아이들', '지원이 더 필요한 취약계층'이라는 말이 거의 자동처럼 따라붙는다. 물론 지원은 반드시 필요하다. 하지만 이 말만 반복하는 순간, 우리는 이 아이들을 '영원한 지원 대상'에 가둬버린다. 그리고 그 순간, 이 아이들이 이미 가지고 태어난 힘과 가능성, 한국 사회가 앞으로 반드시 필요로 하게 될 자산을 제대로 보지 못하게 된다.

나는 예체능과 교육 현장에서 수많은 다문화 가정 아이들을 만난 교사들의 이야기를 들었다. 그분들의 말에 따르면, 다문화 가정 아이들은 수업 시간에는 말이 적고, 받아쓰기에서 자꾸 틀리던 아이가 체육관에만 가면 전혀 다른 얼굴이 되는 경우도 있었다. 공만 잡으면 누구보다 빠르게 뛰고, 친구들에게 "이렇게 해봐"라고 먼저 말을 거는 아이였다. 교실 안에서라면 '한국어가 조금 서툰 아이'였을지 모르지만, 운동장에서는 '팀을 이끄는 주인공'이었다. 그 이야기를 들으면서 나는 분명하게 깨달았다. 우리가 이 아이들을 바라보는 시선이 문제이지, 아이들이 약해서가 아니구나.

지금 우리나라 초·중·고에서 이주 배경·다문화 학생은 20만 명을 넘어섰다. 전체 학생의 약 3~4% 수준으로 이미 교실마다 평균적으로 서너 명은 함께 생활하는 셈이다. 교육부는 이 아이들을 위해 한국어 학급 확대, 인공지능 기반 한국어 학습, 다국어 번역 지원 등 맞춤형 지원을 강화하겠다고 밝히고 있다.

숫자만 놓고 보면 '특수한 소수'가 아니다. 대전의 미래, 대한민국의 미래를 함께 만들어 갈 당당한 구성원이다. 그렇다면 질문을 바꿔야 한다. "이 아이들을 어떻게 도와줄까?"가 아니라 "이 아이들과 함께 우리 공동체의 힘을 어떻게 키울까?"라고 말이다.

낙인이 되기 전에 손을 내미는 교육

다문화 학생 지원에서 가장 중요한 시기는 언제일까. 여러 연구와 학교 현장의 증언이 한 가지를 가리킨다. 바로 '입학 첫해'다. 초등학교 1학년, 혹은 전입한 첫해에 학교에 제대로 적응하지 못하면, 언어와 학습 격차, 정서적 고립감이 평생 그림자처럼 따라붙는다. 아이 입장에서는 "나는 원래 뒤처지는 애"라는 낙인이 찍히는 순간이다. 이 낙인을 한 번 허용하면 이후의 모든 정책은 땜질에 그치고 만다.

지금의 다문화 지원은 진심과 노력이 부족해서가 아니라 구조가 분절되어 있어서 힘을 잃는다. 한국어 교실은 따로, 기초학력 지원은 따로, 심리·정서 상담은 또 따로, 부모 상담은 별도의 창구에서 진행된다. 각 프로그램은 나름대로 의미가 있지만, 아이와 가정 입장에선 이쪽저쪽을 계속 옮겨 다니며 도움을 청해야 하는 구조가 되어버린다. 도움을 받으면 받을수록 '나는 특이한 아이'라는 부정적 인식만 쌓이게 된다.

그래서 필요한 게 '입학 1년 표준팩'과 같은 제도다. 다문화·이주 배경 학생이 학교에 들어오는 순간 자동으로 작동하는 기본 패키지다. 여기에는 네 가지를 묶을 수 있다. 첫째, 한국어 교육과 모국어를 함께 고려하는 언어 지원이다.

아이가 교실 수업을 따라갈 수 있을 만큼의 한국어를 확보하는 것이 첫 번째 목표지만, 동시에 모국어를 존중하는 태도도 함께 가르쳐야 한다. 언어는 단순한 기술이 아니라 정체성이기 때문이다. 둘째, 국어·수학·사회·과학 등 기초 학습 진단과 맞춤형 보충 프로그램이다. "못 따라가면 알아서 학원에 보내라"가 아니라 학교 안에서 학습 격차를 조기에 발견하고, 담임·전담 교사·교육청이 함께 설계하는 회복 로드맵을 제공해야 한다. 셋째, 정서 적응을 돕는 멘토링과 또래 관계 지원이다. 아이가 혼자 밥 먹지 않게, 혼자 놀지 않게, 혼자 속앓이하지 않게 옆에 서주는 친구와 어른이 필요하다. 넷째, 부모와의 소통이다. 이 네 가지가 각각 흩어져 있는 것이 아니라 하나의 '표준팩'으로 묶여야 한다.

또한 다문화 부모들에 대한 지원도 더 강화해야 한다. 학교 현장에서 다문화 부모들은 가장 많이 하는 말이 있다. "선생님, 한국말이 서툴러서…", "학부모 회의에 가도 무슨 말을 하는지 잘 몰라서요…." 부모가 정보와 언어에서 소외되는 순간, 아이는 눈에 보이지 않는 비탈길 위에 서게 된다. 그래서 다언어 안내와 상대는 표준이자 기본이 되어야 한다. 입학 안내문, 성적표, 진로·진학 정보, 상담 신청서까지 주요 문서는 최소 두 가지 언어 이상으로 제공하고, 통역이 필요한 가정에는 온라인·전화 통역을 연계하는 등 소통의 사각지대를 없애야 한다.

　그리고 중요한 것은 다문화 아이들에게 찍힌 낙인을 없애는 방식이다. '다문화만을 위한 특별대우'처럼 보이면 오히려 아이들이 상처받는다. 그래서 '보편 속의 맞춤형'으로 설계할 필요가 있다. 예를 들어 전 학년을 대상으로 한 기초 학력 진단과 정서 검사 속에 다문화 학생을 자연스럽게 포함시키고, 필요시 개별·소그룹 지원을 자동으로 연계하는 구조다. 겉으로 보기엔 "모든 학생을 위한 학교의 기본 시스템"처럼 보이지만, 그 안에서 다문화 학생은 더 두텁게 연결되는 것이다.

　이 표준팩의 마지막 퍼즐은 '예체능 기반 적응 프로그램'이다. 언어와 학습은 책상 앞에서 따라잡을 수 있지만, 친구와의 관계와 정서적 안정을 확보하기 위해서는 몸을 움직이는 시간이 필수다. 축구, 농구, 댄스, 합창, 관현악, 미술 프로젝트 등 예체능 활동을 입학 첫해의 필수 루틴으로 만들고, 다문화 학생이 자연스럽게 중심에 설 수 있도록 기획해야 한다. 말이 서툴러도 패스를 잘 주고받을 수 있고, 말이 부족해도 무대 위에서 악기를 연주하며 박수를 받을 수 있다. 이 경험이 "나는 할 수 있다"는 첫 기억이 된다.

　결국 '입학 1년 표준팩'이 지향하는 것은 단순한 지원이 아니다. "처음 1년 동안은 어떤 아이도 혼자 두지 않는다"는 공동체의 약속이다. 이 약속이 실질적인 제도와 예산으로 뒷받침될 때, 다문화 학생은 더 이상 '언제든 뒤처질 수 있는 아이들'이 아니라 '공동체가 함께 키우는 미래 인재'가 된다.

다문화는 대전의 미래 경쟁력이다

다문화 학생 이야기를 하면 사람들은 먼저 언어·학력 격차부터 떠올린다. 그런데 조금만 시선을 바꾸면 전혀 다른 풍경이 보인다. 다문화 학생 상당수는 두 개 이상의 언어를 사용하며 자란다. 집에서는 베트남어나 중국어, 우즈베키스탄 말을 쓰고, 학교에서는 한국어를 쓴다. 식탁 위에 오르는 음식도, 집에서 건네는 이야기들도 하나의 문화가 아니라 둘 이상이 서로 겹친다. 이 아이들은 어릴 때부터 '하나의 세계'가 아니라 '여러 세계'를 동시에 경험하며 자란다.

세계경제포럼과 여러 국제기구는 이미 오래전부터 다언어·다문화 감각을 21세기 핵심 역량으로 꼽아 왔다. 글로벌 기업과 국제기구가 가장 필요로 하는 사람은 한 나라의 언어와 문화만 아는 인재가 아니라 서로 다른 문화를 번역하고 이어줄 수 있는 사람이다. 우리 교실 속 다문화 학생들은 이미 그 기반을 갖춘 잠재적 '브리지 빌더(bridge builder)'들이다. 문제는 이 잠재력을 한국의 교육 시스템이 제대로 보지 못하고 있다는 점이다. 여전히 "도와줘야 할 아이들"이라는 프레임에 가둔 채, 이 아이들이 가진 강점을 적극적으로 키우는 데에는 인색하다.

이러한 지점을 바꾸려면, 교육의 획기적인 전환이 필요하다. 가령, 예체능과 국제 바칼로레아(IB) 교육과정을 함께 묶는 것이다. 예체능은 언어 이전에 마음을 여는 가장 강력한 통로다. 음악 시간에 각 나라의 전통 악기를 함께 연주하고, 체육 시간에는 서로의 나라 놀이와 스포츠를 나누고, 미술 시간에는 자신이 자라온 풍경을 그리며 이야기를 나누는 것만으로도 교실의 분위기는 달라진다. 말보다 먼저 몸과 소리와 색깔이 친구를 만들어준다.

대전의 어느 고등학교 축구 동아리에서 본 장면이 아직도 잊히지 않는다. 한국 학생과 다문화 학생이 뒤섞여 같은 조끼를 입고 뛰고 있었다. 경기 중에는 "패스!" "슈팅!" 같은 짧은 말과 손짓만 오갔지만, 경기가 끝난 뒤엔 서로 등을 치며 웃고, 상대 팀의 좋은 플레이를 인정하는 대화가 이어졌다. 그 순간, 국적과 언어는 아무 의미가 없었다. 그저 하나의 팀이었다.

이런 예체능의 힘을 체계적인 교육과 연결하는 모델이 바로 국제 바칼로레아(IB)다. IB는 정답을 맞히는 능력보다 스스로 질문을 만들고, 다양한 관점을 탐구하고, 토론을 통해 생각을 확장하는 교육과정이다. 최근에는 한국어로 운영할 수 있는 K-IB 프로그램이 도입되면서 제주·대구 등에서 공교육 속 실험이 진행되고 있다. IB는 문화 간 이해와 비판적 사고, 프로젝트 기반 학습을 중시하기 때문에 다문화·이주 배경 학생에게 특히 잘 맞는 모델이다. 한 교실 안에 다양한 언어와 문화가 존재할수록 수업 내용은 더 풍부해진다.

예를 들어 '세계 문화 예술제 프로젝트'를 한 학기 동안 진행한다고 해보자. 다문화 학생은 각자의 문화권에서 온 노래, 춤, 악기, 옷, 음식 이야기를 준비한다. 한국 학생들은 무대 기획과 홍보, 무대 디자인, 사회 진행을 맡을 수도 있고, 서로 짝을 이루어 한 팀이 되어 공연을 만든다. 이 과정에서 아이들은 자연스럽게 영어·한국어·부모 모국어가 섞인 대화를 나누게 된다. 누군가는 곡 소개를, 누군가는 포스터 문구를, 또 다른 누군가는 무대 인사말을 준비하면서 언어와 문화를 함께 경험한다. 이것이 바로 예체능과 IB가 결합된 '다문화 프로젝트 수업'의 모습이다.

또 다른 예로 '전통 스포츠 국제 교류전'을 기획할 수 있다. 몽골식 씨름, 동남아시아 셔틀콕 놀이, 한국의 씨름과 제기차기, 피구 같은 활동을 묶어서 하나의 대회를 만드는 것이다. IB의 탐구 수업에서는 각 놀이가 탄생한 역사와 문화,

규칙과 철학을 조사하고, 체육 수업에서는 실제로 몸을 부딪치며 경기한다. 이때 다문화 학생은 자연스럽게 '선생님'이 된다. 자신의 문화에서 온 놀이를 친구들에게 직접 가르치고 설명하는 경험은 아이의 자존감을 강하게 끌어올린다.

해외에서도 이런 시도는 이미 성과를 내고 있다. 다문화·예술·체육을 결합한 학교 프로그램을 운영하면서 이주 배경 학생들의 학업 성취도와 학교 만족도가 동시에 높아졌다고 보고된 바 있다. 핵심은 '언어가 조금 서툴러도 잘할 수 있는 장면'을 학교가 적극적으로 만들어주었을 때, 아이들이 전체 학습에서 보이는 태도와 성과가 함께 좋아졌다는 것이다.

대전은 이런 실험을 하기에 최적의 도시다. 이미 다양한 국적과 문화의 아이들이 함께 살아가고 있고, 예술고·체육고, 문화예술단체, 시민사회, 대학과 연구 기관까지 연결할 수 있는 자원이 한 도시에 밀집해 있다. 교육청이 마음만 먹으면 '다문화 예체능·IB 시범학교'를 몇 곳 지정해 시작할 수 있다. 중요한 것은 "해봐야 한다"는 용기와 "실패하더라도 다시 설계하겠다"는 책임 의지다.

나는 다문화를 '부담'이나 '문제'로 말하는 정치적 언어를 좋아하지 않는다. 다문화는 이미 우리 곁에 와 있는 현실이고, 동시에 대전의 미래 경쟁력이다. 이 아이들이 자라서 통역사가 되고, 엔지니어가 되고, 예술가가 되고, 사회복지사가 되면, 대전은 자연스럽게 세계와 연결된 도시가 된다. 그 출발점은 교실 안에서 "너는 도움만 받는 아이가 아니라 우리를 세계와 잇는 소중한 친구야"라고 말해주는 것이다.

다문화와 취약계층은 약자가 아니다. 대전의 자산이다. 우리 도시가 이미 가지고 있는 가장 소중한 '미래의 언어'이며, 세계와 연결되는 다리다. 교육이 해야 할 일은 이들을 보호의 울타리에만 가둬두는 것이 아니라 예체능과 IB, 입학 1년 표준팩 같은 구체적인 제도를 통해 그 잠재력을 끝까지 끌어올리는 일이다.

시선이 바뀌면 구조가 바뀌고, 구조가 바뀌면 아이들의 삶이 달라진다. '다문화 학생'이라는 말이 더 이상 동정의 언어가 아니라 '대전이 자랑하는 미래 시민'을 떠올리게 만드는 말이 되도록 교육의 방향을 과감히 바꾸어야 한다.

10장

대전형 미래 교육 혁신

도시가 아이를 품어야
교육이 완성된다

교육 문제를 생각할 때 우리는 흔히 교실을 먼저 떠올린다. 칠판 앞에 가지런히 놓인 책상들, 분주하게 오가는 학생들, 교사의 목소리와 분필 소리 등이 교실을 채웠다. 나 역시 오랫동안 그 공간을 중심으로 교육을 바라보았다. 내가 서 있던 자리는 늘 강단이었고, 내가 책임져야 한다고 믿었던 공간도 강의실이었다. 그래서 학생들의 성적과 태도, 수업의 몰입도 같은 것들에 온 신경을 집중하며 살았다.

그러나 다른 교육행정의 현장들을 거치면서 학생들의 하루는 강의실 안에서만 만들어지지 않는다는 사실을 새삼 깨닫게 되었다. 더군다나 입학 업무를 맡고 난 뒤에 대전 곳곳을 다니며 만나게 된 아이들의 삶은 학교에서 시작해 학교에서 끝나지 않았다. 그들의 마음과 연결된 공간은 마을의 골목에도, 작은 도서관과 지역 문화센터에도, 집 앞 놀이터와 지역 아르바이트 현장에도 깊이 스며 있었다. 그곳에서 만난 어른들, 그곳에서 겪은 경험들이 아이들의 표정과 말투, 진로와 자존감에까지 영향을 미치고 있었다. 그렇게 하루를 구성하는 수많은 요소들이 '교육'이라는 한 단어에 조용히 얽혀 있다는 것을 나는 조금씩 피부로 느끼게 되었다.

수년 동안 이런 흐름을 지켜보면서 나는 '학교 중심의 교육'이라는 전통적인 관점이 이 시대를 설명하기에는 이미 좁아졌다고 생각하게 되었다. 아이들의 삶은 도시 전체로 확장되어 있고, 그 삶을 떠받치는 힘 역시 학교 너머에 존재하기 때문이다. 교실에서 아무리 좋은 수업을 준비해도 교문 밖에서 아이를 기다리는 것이 돌봄의 공백과 불안, 안전하지 않은 골목과 텅 빈 놀이터라면 교육의 효과는 교실 문 앞에서 한 번 꺾인다. 나는 이 현실을 보며 이제는 '학교 교육'이 아니라 '도시 교육'을 고민해야 한다고 느끼게 되었다.

돌봄 공백으로 늦은 시간까지 학교 주변을 서성거리는 아이를 본 적이 있는가. 교문은 이미 닫힐 시간이고, 학교 불은 하나둘씩 꺼진다. 그런데 아이를 기다리는 어른은 그 어디에도 없다. 집에는 부모님이 늦게까지 일을 나가 있고, 갈

만한 동네 시설도 마땅치 않은 현실이다. 이런 아이를 보면서 학교가 할 수 있는 일의 범위를 다시 생각하지 않을 수 없다. 교실에서 아이에게 아무리 "너는 소중하다"고 말해도 집과 마을이 그 말을 받쳐주지 못하면 그 위로의 말은 공중으로 흩어지고 만다.

교실의 노력만으로는 아이의 하루를 지탱하기 어렵다. 아이들은 집과 학교, 마을과 지역 시설을 오가며 살아가고, 그 모든 공간의 상태가 결국 아이의 마음과 학습 태도에 영향을 준다. 교육은 교실 안의 풍경만으로 설명될 수 없는 이유가 여기에 있다.

나는 교육행정 현장에서 일하며 학교의 의지와 교사의 노력, 교육 정책 모두를 생생하게 지켜봤다. 학교 안에서 선생님들이 얼마나 애쓰고 있는지 잘 안다. 그럼에도 지역의 조건에서 비롯되는 격차는 학교 밖에서 다뤄야 하는 문제라는 점이 점점 더 분명해졌다. 같은 교실에서 비슷한 수업을 받아도 어떤 아이는 집 앞 도서관과 체육관, 돌봄센터가 손 닿는 거리에 있고, 어떤 아이는 좁은 골목길과 편의점뿐인 환경 속에서 하루를 보낸다. 이런 경험들이 쌓이면서 나는 "교육은 지역 단위에서 다시 설계되어야 한다"는 결론에 이르렀다.

도시 전체가 하나의 교실이 될 때

마을이라는 울타리는 아이의 일상에 결정적인 힘을 갖는다. 흔히 돌봄을 행정 서비스로 이해하기 쉽지만, 실제로 아이들을 지탱하는 것은 서비스보다 '관계'라는 사실을 나는 여러 번 확인했다. 수업에서는 거의 말이 없고 고개만 숙이고 있던 아이가 마을의 작은 독서동아리 방이나 청소년 문화 공간에서는 놀랍도록 밝아지는 모습을 본 적이 있다는 어떤 분의 말이 떠오른다. 그 아이가 그곳에서 마음을 열 수 있었던 이유는 거창한 프로그램이나 화려한 시설이 아니라 그 아이를 이름으로 불러주고, 작은 변화를 알아봐 주던 어른들이 그곳에 있었기 때문이다.

마을은 아이에게 단순한 생활 공간이 아니라 정서적 안정과 사회적 관계를 배우는 장이 된다. 동네 놀이터에서 친구와 다투고 화해하는 경험, 작은 도서관에서 사서 선생님과 인사를 나누는 경험, 마을 축제에서 처음 보는 어른들과도 인사를 주고받는 경험 속에서 아이들은 "나는 이 동네의 구성원이다"라는 감각을 배운다. 그리고 마을이 가진 이 역할은 교실과 결합될 때 비로소 교육을 단단하게 만든다.

마을과 학교가 자연스럽게 연결되는 지역들을 볼 때면 그 지역의 교실 분위기가 다른 곳보다 평온하다는 사실을 알 수 있었다. 수업 시간에 집중하는 정도, 친구끼리 부딪치는 갈등의 양상, 교사를 바라보는 아이들의 눈빛이 확연히 다르다. 아이들은 하루를 여러 손에 의해 안전하게 건네받고 있었고, 부모는 안심하는 시간을 얻고 있었다. 학교가 아이를 손에서 놓는 순간, 마을이 그 손을 이어받고, 다시 집이 그 손을 이어받는 구조가 느슨하게나마 작동하고 있었다. 이것이 바로 도시가 아이를 품는 방식의 한 사례다.

또한 대전은 미래 교육을 실험하기 위한 조건을 모두 갖춘 도시다. 대전만큼 다양한 교육 자원을 가진 도시는 흔치 않다. KAIST(Korea Advanced Institute of Science and Technology, 한국과학기술원) 충남대, 한밭대, ETRI(Electronics and Telecommunications Research Institute, 한국전자통신연구원), 연구단지의 여러 기관, 그리고 기술 중심 기업들이 한 도시에 모여 있다. 이 자원들은 교육행정이 조금만 손을 내밀어도 아이들에게 실제적이고 살아있는 경험이 될 수 있다. 실험실의 과학자 한 명, 연구소의 엔지니어 한 사람이 교실 문을 두드리는 순간, 아이들의 진로와 상상력은 교과서의 페이지를 훌쩍 뛰어넘는다.

"배움은 대부분 실패의 과정에서 이루어진다"라는 말이 있다. 연구자들은 실험이 열 번, 스무 번 실패한 끝에 한 번의 성공을 만난다고 말한다. 이 단순한 문장은 교실에서 배우는 내용보다 훨씬 생생하게 아이들의 마음에 닿는다. 시험에서 한 번 틀린 것에 좌절하던 아이도 실패를 두려워하지 않는 연구자의 이야기를 듣고 나면 "틀려도 다시 하면 된다"는 인식을 갖게 된다. 대전의 자원들은 단지 지식 전달에 그치지 않고, 아이들이 '미래를 실제로 경험하는 교육'이 되도록 돕는 힘을 갖고 있다. 이 도시가 가진 가능성을 교육과 연결한다면 대전은 자연스럽게 '미래 교육 도시'로 성장할 수 있다.

그리고 시민사회는 교육의 숨은 중심이다. 대전의 시민사회는 오랜 시간 동안 지역의 취약한 부분을 붙잡고 지탱해 왔다. 이주 가정을 지원하는 단체, 돌봄 복지를 위한 기관, 동물권과 환경 문제를 함께 다루는 청소년 모임, 청소년 문화 예술 활동을 지원하는 단체, 정신건강 상담을 맡고 있는 기관 등 다양한 영역에서 이미 많은 아이가 도움을 받고 있다. 그래서 시민사회가 없으면 교육의 중요한 일부가 비어버릴 수밖에 없다. 학교가 닿지 못하는 곳, 행정이 포착하지 못하는 감정의 틈새를 시민사회는 기민하게 살피고 있다. 이들의 존재는 교육이 더 사람다운 모습으로 나아가기 위해 반드시 함께해야 하는 축이다. 대전이 포용적 교육을 말하려면 시민사회와의 협력을 전제로 해야 한다.

결국 도시 전체가 하나의 교실이 되려면 학교, 마을, 대학과 연구 기관, 기업, 시민사회가 서로를 '손님'이 아니라 '동료'로 초대해야 한다. 학교는 문을 열고, 마을은 품을 넓히며, 대학과 기업은 연구실의 문턱을 낮추고, 시민사회는 현장의 경험을 교육으로 연결한다. 그 사이에서 아이들은 교실 안의 배움과 교실 밖의 삶을 하나의 이야기로 엮어갈 수 있다. 이 연결이 곧 도시가 아이를 품는 힘이다.

교육을 위한 지역 거버넌스를 만들어야 한다

내가 생각하는 '교육을 위한 지역 거버넌스'의 구조는 단번에 떠오른 거창한 이론이 아니다. 교실과 행정, 그리고 지역의 여러 현장을 지나오며 "현실에서 진짜 필요한 것들이 서로 맞물린 결과"로 자연스럽게 정리된 구조다. 머릿속에서 그려 보면 하나의 큰 원 안에 몇 개의 축이 들어 있다.

먼저 학교는 학습과 성장의 중심이어야 한다. 학교는 교육의 출발점이지만, 더 이상 담장 안에 갇힌 닫힌 공간이어서는 안 된다. 아이들의 하루를 조율하는 중심이 되어 지역의 자원을 자연스럽게 교실 안으로 들여와야 한다. 교사가 모든 것을 혼자 책임지는 구조가 아니라 학교가 '연결의 플랫폼'이 되는 구조로 바뀌어야 한다.

마을은 생활과 관계의 울타리다. 마을은 아이들의 생활

기반이다. 돌봄, 놀이, 문화, 관계를 제공하며 학교가 놓친 부분을 채우는 중요한 축이다. 방과후의 공백, 주말과 방학의 긴 시간은 마을 없이는 메울 수 없다. 지자체는 환경과 지원의 설계자여야 한다. 지역별 특성에 맞는 지원 체계를 갖추어 격차를 줄이고 교육 인프라를 균형 있게 배치하는 역할을 맡는다. 동구와 서구, 원도심과 신도심 사이의 격차는 학교만으로는 해결할 수 없다. 지자체가 도로와 교통, 공공시설, 돌봄 인프라를 함께 설계할 때 비로소 '같은 도시 안의 다른 세계'를 줄일 수 있다.

대학과 기업은 미래를 여는 창이다. 전문 지식, 실험 경험, 첨단 기술은 아이들의 진로와 상상력을 확장시키는 실질적 자원이다. 대전은 이들 자산을 가장 가까이 둔 도시다. 대학과 연구소, 기업이 교육청과 학교와 함께 '미래 진로 체험'과 '장기 프로젝트 학습'을 설계할 수 있다면, 아이들은 교과서 속 '4차 산업혁명'을 단어가 아니라 경험으로 이해하게 될 것이다.

시민사회는 보살핌의 섬세한 손길이다. 학교와 행정이 도달하지 못하는 영역을 채워주며 교육의 인간적인 모습을 가능하게 한다. 관계가 끊긴 아이들, 제도 밖으로 밀려난 청소년, 이주 배경 아이들 곁에는 늘 시민사회가 먼저 가 있었다. 이들을 제도로 초대하는 것이 교육청의 역할이다.

교육청은 이 모든 것의 연결과 조율의 중심이어야 한다. 교육청은 '위에서 명령하는 기관'이 아니라 각 주체를 조율하고 지원하며 관계의 흐름을 정리하는 허브가 되어야 한다. 그래서 교육을 위한 지역 거버넌스의 설계 주체는 교육청이 되는 게 가장 자연스럽다. 또 그래야 한다. 교육청이 설계하고 지자체와 함께 운영하는 구조를 갖출 때, 지역 자체가 거대한 하나의 교실이 될 수 있다.

특히 이러한 거버넌스를 구축하려면 교육청과 지자체는 수평적 협력 관계로 전환해야 한다. 같이 가지 않으면 대전형 교육 거버넌스 구축은 요원하다. 예를 들어 어느 지역에 폐교가 하나 생겼다면, 그 공간을 어떻게 활용할지 반드시 함께 고민해야 한다. 청소년 문화 공간으로 쓸 것인지, 마을 도서관과 돌봄센터로 복합화할 것인지, 아니면 평생학습과 주민 커뮤니티 공간으로 재구성할 것인지를 같이 의논하며 방안을 찾아야 한다. 이런 논의는 교육청 혼자서는 할 수 없다. 구청이나 대전시와 협의가 되어야 가능하다. 만약 지자체에서 공간 활용을 반대하면 교육청이 할 수 있는 것은 사실상 하나도 없다.

시와 교육청, 구청, 시민사회, 대학과 기업이 함께 참여하는 협의체를 만들고, 정례적인 회의와 소통 구조를 확보해 대전형 교육 거버넌스를 구축해야 한다. 교육은 이념을 떠나야 한다. 진보와 보수가 각각 교육감과 시장이라 해도 벽을 쌓아서는 안 된다. 대전 교육을 살리려면, 누구라도 모든 것을 열어놓고 아이들을 위해 헌신해야 한다.

예산은 정치의 도구가 아니라 아이들의 미래를 위해 쓰여야 한다. 무엇보다 중요한 것은 지원과 협력으로 교육을 살리는 것이다. 대전 교육을 살릴 수 있는 여러 교육 프로그램을 생각하면 더욱 시와 긴밀한 협력 관계가 되어야 한다. 예산 확보와 거버넌스 구축이 뒷받침되어야 하기 때문이다.

결국 내가 하고 싶은 말은 단순하다. 교육은 더 이상 학교만의 일이 아니다. 교실과 도시가 연결될 때, 학교와 마을과 지자체와 대학과 기업과 시민사회가 함께 아이의 이름을 부를 때, 비로소 한 도시의 교육이 완성된다. '도시가 아이를 품는 구조', 그것이 내가 말하는 대전형 교육을 위한 지역 거버넌스이고, 대전 교육이 다시 뛰기 위해 반드시 걸어가야 할 방향이다.

성적이 아니라
시민을 키우는 교육

나는 오랫동안 교육의 본질이 무엇인지 질문해 왔다. 대학에서 학생들을 가르칠 때도, 교육행정의 현장을 누비던 때도, 그리고 지금 대전 교육을 바라보며 깊은 고민에 잠길 때도 가장 먼저 떠오르는 질문은 늘 같았다.

"학교는 과연 무엇을 위해 존재하는가?"

학교가 할 일이라는 게 시험을 잘 보게 하는 일일까, 더 많은 정보를 가르치는 일일까, 혹은 아이들이 경쟁에서 살아남도록 끝없이 능력을 끌어올리는 일일까. 한국 사회는 오랫동안 이 질문에 단 하나의 답만을 내놓았다. 공부를 잘해야 한다, 더 많이 알아야 한다, 더 멀리 앞서가야 한다. 그러나 그 긴 세월을 지나며 나는 점점 확신하게 되었다. 교육은 단지 머리를 채우는 일이 아니라 사람을 세우는 일이라는 것을 말이다.

그 깨달음은 사실 거창한 철학에서 오지 않았다. 강의실에서 발표를 두려워하던 학생이 어느 날 갑자기 또렷한 목소리로 자신의 생각을 펼치던 순간, 팀 스포츠에서 늘 조용하던 학생이 경기 후반에 스스로 빈자리를 메우기 위해 자리를 바꾸던 순간 등 이러한 소소한 장면들이 내게 교육의 진짜 의미를 오래도록 가르쳐 주었다. 악보를 잘 읽지 못하던 아이가 반복 연습 끝에 자신만의 리듬을 만들어내며 주변과 호흡을 맞추던 순간을 발견했을 때, 교육이라는 말이 따뜻하게 다가오지 않을까. 아이들이 "어떤 사람이 되어가는가"를 멀리서 지켜보는 일이야말로 진짜 교육이었다.

지금 대전은 새로운 교육의 좌표가 필요하다. 그 좌표를 가장 선명하게 보여주는 모델이 바로 앞서 말한 IB 교육이다. 많은 사람은 아직도 IB를 '외국형 프로그램' 혹은 '특별한 학생들을 위한 고급형 교육' 정도로 오해한다. 그러나 IB의 뿌리를 들여다보면 전혀 다른 모습이 나타난다. IB는 시험 중심 교육에서 벗어나 탐구·질문·협력·성찰·시민성을 중심에 둔 모델이며, "얼마나 아는가"보다 "어떻게 배우고 어떤 사람으로 성장하는가"를 묻는 교육이다.

내가 IB를 말하는 데는 한 가지 오래된 신념이 숨어 있다. 좋은 시민을 길러내는 교육이 결국 한 도시의 운명을 바꾼다는 믿음이다. 공동체의 미래는 도로나 건물보다 아이들의 마음과 태도에서 시작된다.

점수가 아닌 나침반을 쥐여 줘야 한다

IB 교육과정을 살펴보면 특이한 점이 있다. IB에는 '학습자 상(learner profile)'이라는 것이 있다. 그 안에는 성적이라는 단어가 없다. 대신 사려 깊음, 도전, 원칙, 균형, 소통, 성찰, 개방성 같은 단어들이 자리하고 있다. 이 단어들은 단순한 교육철학이 아니다. IB는 학생이 어떤 태도로 세상을 바라보며, 어떤 가치관으로 문제를 해결하며, 공동체 속에서 어떤 시민이 되어야 하는지를 교육의 중심에 두고 있다.

나는 이 IB 학습자상을 볼 때마다 오래된 항해 비유가 떠오른다. 한국 교육은 오랫동안 쾌속정처럼 움직여 왔다. 빠르고 정확하게 정답을 향해 돌진했다. 시험이라는 연료만 충분히 채우면 어디든 갈 수 있다고 믿었다. 그러나 이제 우리는 먼바다로 나아가고 있다. 목적지가 정해지지 않은, 바람과 파도를 읽으며 스스로 방향을 잡아야 하는 세계다. 미래 사회는 정답을 아는 사람보다 정답을 만들어가는 사람을 원한다. 항해에서 중요한 것은 속도가 아니라 나침반이다. IB는 아이들에게 바로 그 나침반을 쥐여 주는 교육이다.

IB 수업에서는 교사가 질문을 던지고 학생이 답을 찾는 방식이 아니다. 오히려 학생이 질문을 만들고, 그 질문을 탐구하는 과정 자체가 중요한 배움이 된다. 아이들은 탐구 과정에서 실패하고, 다시 시도하고, 동료와 협력하며 새로운 결론을 만든다. 이 경험은 시험 점수보다 훨씬 오래 남는다. 질문하는 능력은 성인이 되어서도 삶의 방향을 잡아준다.

나는 IB를 설명할 때 종종 한 장면을 떠올린다. 어느 국제학교의 교실에서 두 명의 학생이 서로 다른 의견을 놓고 한참을 토론했다. 결론은 나지 않았지만, 그들은 서로의 논리를 검토하고 상대의 감정을 존중하며 대화를 이어갔다. 이 장면은 매우 짧았지만 깊은 인상을 남겼다. 바로 이것이 내가 IB 교육에서 가장 중요하게 생각하는 지점이다. 배움이 인간관계 속에서 완성된다는 것, 한 사회의 시민으로서 필요한 능력은 지식 자체보다 '함께 살아가는 힘'이라는 사실을 선명하게 보여주었다.

IB를 접목한 교육은 단순히 교육과정을 바꾸는 것이 아니라 도시의 철학을 바꾸는 일이라고 믿는다. 시험을 잘 보는 아이가 아니라 세상을 이해하고 책임질 줄 아는 아이, 점수보다 사람을 먼저 생각하는 아이, 실패를 두려워하지 않는 아이를 기르는 교육. 이것이 IB가 말하는 '좋은 시민'이며, 대전이 지향해야 할 미래다.

좋은 시민으로 성장시키는 교육

IB 교육을 이야기하면 사람들은 종종 묻는다.

"그럼, 대전은 무엇을 더해야 하는가?"

나는 이 질문에 두 가지 답을 하려 한다. 예체능과 인공지능이다. 조금 낯설게 들릴 수 있지만, 이 두 가지는 IB와 놀라운 조화를 이루며 아이들의 하루를 완성하는 교육적 기반이 된다. 먼저 예체능이다. 나는 오랫동안 예체능 교육이야말로 아이들의 마음과 인성을 기르는 데 가장 큰 역할을 한다고 믿어 왔다. 체육은 협력과 규칙, 책임과 절제, 회복력 같은 공동체적 품성을 길러주고, 예술은 감정의 언어를 열어주고 상상력과 공감 능력을 키워준다. 이는 IB가 강조하는 학습자상과 정확히 맞닿아 있다. IB가 사고력을 확장한다면, 예체능은 마음을 확장시키는 교육이다. 이 둘이 만나면 교육은 입체성을 갖는다.

나는 실제로 여러 학교에서 예체능 시간에 아이들이 달라지는 모습을 보았다. 말이 잘 통하지 않던 학생들이 축구에서는 눈빛 하나로 협력했고, 음악 수업에서는 서로의 호흡에 맞춰 자연스럽게 조화를 이루었다. 다문화 학생이 낯선 한국어 대신 자기 문화의 악기로 친구들에게 마음을 열던 순간도 있었다. 그 장면들을 볼 때마다 예체능이 단지 '부수 과목'이 아니라 아이의 세계를 열어주는 문이라는 것을 다시 확인했다. 그래서 내가 생각하는 IB의 진화된 모델은 예체능 중심 IB다. 사고와 감정, 논리와 관계, 탐구와 표현이 균형을 이루는 교육을 해야 한다.

그리고 여기에 인공지능이 더해진다. 인공지능은 학습 데이터를 정밀하게 분석하고, 아이들이 어느 지점에서 어려움을 겪는지, 어떤 방식이 더 효과적인지를 정확히 알려준다. 이는 공교육이 그동안 해결하기 어려웠던 '개별화 학습'을 가능하게 한다. 특히 대전 동구와 서구의 학습 격차처럼 구조적 문제를 해결하는 데 인공지능은 강력한 도구가 될 수 있다. IB가 사고력과 탐구력을 만들고, 예체능이 인성과 균형을 다지고, 인공지능이 기초학력을 탄탄하게 지켜주는 구조가 된다면, 좋은 시민으로 아이들을 키울 수 있는 교육이 될 수 있다.

대전은 이 세 가지를 모두 갖춘 도시다. KAIST, 충남대, 한밭대, ETRI, 연구단지의 풍부한 자원은 IB 탐구 프로젝트를 실험실로 끌어올 수 있는 환경을 제공한다. 예술 기관과 체육 인프라는 아이들에게 몸과 감정의 언어를 펼칠 무대를 제공한다. 인공지능 기반 교육 시스템은 학습의 빈틈을 줄이고 교사의 전문성을 보완한다. 대전이 갖춘 자원들이 IB와 결합하는 순간, 대전은 대한민국에서 가장 강력한 '미래 시민 양성 도시'로 도약할 수 있다.

나는 이런 교육이 단지 성적이 오르는 교육을 의미한다고 생각하지 않는다. 도시가 아이들에게 주는 약속이자, 대전이 어떤 미래를 선택하느냐에 대한 깊은 고민이 담긴 교육이다. 아이들의 머리뿐 아니라 마음과 태도, 관계와 시민성을 기르는 교육. 서로의 차이를 이해하고, 질문을 만들며, 실패를 두려워하지 않고, 협력의 가치를 아는 시민. 그 시민들이 모여 사는 도시. 나는 그것이 대전이 향해야 할 미래라고 믿는다. IB는 대전의 아이들을 '점수를 잘 받는 학생'이 아니라 도시를 함께 만들어갈 좋은 시민으로 성장시키는 길이다.

적성이 곧 교육이 되는 도시

도시는 거대한 몸과 같다. 그 몸을 움직이는 것은 도로도 건물도 아니다. 그 속을 흐르는 사람들, 특히 아이들의 미래가 도시의 생명력을 결정한다. 나는 교단에서도, 행정에서도, 대전 곳곳의 현장에서도 많은 아이들을 만났다. 그 아이들이 던지는 눈빛 속에는 하나의 공통된 질문이 숨어 있었다. "나는 어디로 갈 수 있나요?" 그리고 "나는 어떤 사람이 될 수 있을까요?"라는 질문이다.

어른들은 흔히 아이의 미래를 입시로 설명하려 한다. 성적이 좋으면 좋은 대학, 좋은 대학을 가면 좋은 직장, 좋은 직장을 가면 안정된 삶이라고 말한다. 그러나 나는 현장에서 수없이 보았다. 삶이란 그런 직선 그래프처럼 움직이지 않는다는 것을 말이다. 어떤 아이는 상위권 성적을 받으면서도 삶의 방향을 잃었고, 어떤 아이는 공부가 느렸지만, 특유의 감각과 적성으로 놀라운 성장을 보여주었다. 인생은 마치 나무와 같다. 가지가 뻗는 방향도 다르고, 햇볕을 찾는 방식도 다르고, 뿌리가 깊어지는 속도도 모두 다르다.

하지만 우리의 교육은 여전히 아이들을 정해진 모양의 '성공'이라는 틀에 맞추려 한다. 정사각형 틀에 둥근 돌을 억지로 끼워 넣듯이 아이들은 자신이 가진 모양을 숨기고 구부러지고 깎이면서 맞춰 들어가려 한다. 이 과정에서 사라지는 것은 재능이 아니라 자존감이다. 그러나 한 도시의 미래는 단 몇 명의 상위권 학생에게서 나오는 게 아니다. 백 명의 다른 아이가 백 가지의 방식으로 자기 적성을 기르고, 결국 도시 곳곳에서 서로 다른 빛으로 살아가는 순간, 그 도시가 비로소 살아난다.

그래서 나는 대전이 '성적 중심의 도시'가 아니라 '적성 중심의 도시', 더 나아가 '사람 중심의 도시'가 되기를 바란다. 아이 한 명의 속도에 맞춘 교육을 통해 그 아이의 가능성이 도시의 미래를 만드는 힘이 될 수 있다는 믿음에서 출발해야 한다.

돌봄은 시혜가 아니라 가능성의 점화 장치다

교육청을 비롯해 지자체와 국가가 할 일은 아이들을 소위 말하는 SKY에 많이 보내는 게 아니다. 그저 성적 좋은 애들 중심의 교육으로 현재 상위권 대학에 보내는 게 국가 미래에 무슨 도움이 되겠는가. 그보다 자신이 살아가는 공동체와 어우러져 개인과 공동체 모두의 가치를 키워가는 교육이 되어야 한다.

나는 세월호 참사 때, 프란치스코 교황이 한국에 방문해서 세월호 참사 유족들을 만나고 난 뒤에 한 말씀을 강렬하게 기억하고 있다. 당시 교황은 교황청으로 돌아가면서 "세월호 유족의 고통 앞에서 중립을 지킬 수 없었다"라고 이야기했다. 이제 우리는 아이들을 어려운 약자 편에 설 수 있도록 키워야 한다. 물론 공부 잘하는 아이로 키우는 것도 중요하다. 그러나 그게 전부여서는 안 된다.

지금의 교실 규모는 과거와 비교할 수 없다. 50명이 좁은 교실에서 서로의 의자 등받이에 무릎을 붙이고 앉아 있던 시대를 지나 이제는 대부분 15~20명이다. 옛날에는 교사가 아이 한 명의 표정을 읽는 일이 기적에 가까웠다. 지금은 아이의 변화를 감지할 수 있는 물리적 여건이 충분히 마련되어 있다. 그런데도 아이들의 미세한 변화는 여전히 놓친다. 그 사이에 아이들은 여전히 흔들린다. 이유는 단순하다. 돌봄이 '업무'가 아니라 '철학'이어야 하는데, 우리는 아직 그 지점에 도달하지 못했다.

돌봄이라고 하면 흔히 '부진 학생 지원' 정도로 오해한다. 그러나 돌봄은 아이의 정서·자존감·사회성·관계·적성·미래 역량을 두루 끌어안는 구조다. 아이가 갑자기 말수가 줄었을 때, 교사가 그 이유를 알아채는 힘이기도 하다. 아이가 혼자 밥을 먹을 때, 뒤에서 "오늘은 무슨 일 있었니?"라고 조용히 묻는 마음이 느껴져야 한다. 시험 성적이 떨어졌을 때, "넌 이 점수로 평가되는 사람이 아니다"라고 말해주는 어른의 존재가 필요하다. 이것이 돌봄이다. 돌봄은 성적을 보충하는 일이 아니라 삶을 다시 일으켜 세우는 일이다.

우리는 종종 교육을 '성적 올리는 기계'처럼 운영하려 한다. 그러나 아이는 기계가 아니다. 아이는 씨앗이다. 씨앗은 물과 햇빛만으로 자라는 것이 아니다. 흙의 온도, 바람의 방향, 곁에 있는 다른 식물의 존재까지도 영향을 받는다. 돌봄이란 바로 아이 주변의 '환경 전체'를 관리하는 일이다.

나는 돌봄을 결손 보충이 아니라 가능성 점화 장치라고 부르고 싶다. 돌봄은 이 아이가 어떤 사람이 될 수 있는가를 묻는 교육의 본질이자 출발점이다. 아이는 돌봄을 통해 자신을 발견하고, 자신을 발견하는 순간 적성을 발견한다. 그래서 대전은 돌봄을 단순한 행정 업무가 아니라 '사람을 세우는 철학'으로 재구성해야 한다.

성적이 아니라 적성으로 아이를 다시 세운다

적성으로 아이를 다시 세우는 일은 지금 당장이라도 시작할 수 있다. 예컨대 '아이들의 꿈을 키우는 적성 중심 교육 모델이다. 이 교육 모델은 단순한 방과후 프로그램이 아니라 아이의 성장 경로 자체를 디자인하는 장기 프로젝트다. 핵심은 이렇다.

> "아이를 성적 순서대로 나열하는 것이 아니라 아이를 적성별로 다시 태어나게 한다."

이 프로그램은 네 개의 축으로 움직인다고 볼 수 있다. 첫째, 정서 기반 구축이다. 정서가 무너지면 적성도, 학습도, 꿈도 존재할 수 없다. 아이에게 "괜찮아, 다시 해보자"라고 말해주는 어른 한 명이 인생을 바꾼다. 적성 중심 교육 모델은 전문 상담, 정서 지원 체계, 멘토링을 통해 아이의 내적 기초를 단단히 쌓는다.

둘째, 인공지능 기반 기초학력 지원이다. 인공지능은 아이의 약점을 '지적하는 기계'가 아니라 '관찰하는 어시스턴트' 역할을 해야 한다. 교사가 이 데이터를 보고 따뜻한 개입을 할 때, 기초학력은 아이의 자존감을 무너뜨리지 않고 오히려 회복시키는 발판이 된다.

셋째, 적성 탐색과 확장이다. 여기에서 예체능이 중요한 역할을 한다. 예체능은 아이에게 "나는 이런 것도 잘하네?"라는 놀라운 감각을 제공한다. 예술은 감정을 열고, 체육은 자신감을 열고, 기술·과학·기계 활동은 탐구심을 연다. 적성은 결국 '재미와 몰입'에서 시작한다.

넷째, 도시 전체를 교실로 확장하는 지역 기반 성장이다. 앞서 말했지만, 대전은 KAIST, 한밭대, 충남대, ETRI, 연구단지 등 전국에서 가장 풍부한 교육 자원을 가지고 있다. 적성 중심 교육 모델은 이 자원들과 연결되어 아이가 학교 밖에서 진짜 세계를 경험하도록 도울 수 있다.

적성 중심 교육 모델의 철학은 간단하다. 아이를 잘 가르치는 것이 아니라 아이가 '나'를 발견하도록 돕는 것이다. 나는 수많은 아이를 보며 깨달았다. 꿈이 있는 아이는 넘어져도 다시 일어나지만, 꿈이 없는 아이는 조금만 흔들려도 방향을 잃는다. 적성 중심 교육 모델은 그 꿈을 만들어주는 시스템이다. 아이가 "나는 이런 길을 걸을 수도 있구나"라고 말하는 순간, 교육은 비로소 기능한다.

그래서 적성 중심 교육 모델은 단순한 교육 정책이 아니다. 학교라는 공동체가 아이에게 건네는 가장 따뜻한 약속이다.

"너는 우리에게 중요한 사람이다. 너는 혼자가 아니다. 너의 속도와 방식대로 자라도 된다."

이 약속이 지켜지는 순간, 아이는 자신이 공동체의 한 부분이라는 인식을 갖게 된다. 그때부터 배움은 의무가 아니라 가능성이 된다. 적성 중심 교육 모델은 작지만, 확실한 변화를 기대할 수 있다. 학급당 15~20명이라는 지금의 환경은 과거에는 상상하기도 어려운 교육의 기회다. 이제 필요한 것은 그 기회를 실천으로 옮기는 일이다. 아이 한 명 한 명을 세심하게 보살피고, 그 안에서 저마다의 가능성을 발견하며, 공부뿐 아니라 적성과 정서, 미래 역량까지 챙기는 교육. 이 작은 변화가 교실의 분위기를 바꾸고, 아이의 삶을 바꾸며, 결국 도시의 품격을 바꾼다.

11장

사람을 키우는 교육

디지털 전환의 핵심은 사람이다

아이들이 스마트폰과 인터넷을 손에 쥔 채 살아가는 시대는 이제 당연한 풍경이 되었다. 그러나 이 자연스러운 풍경 속에 우리가 놓치고 있는 질문이 하나 있다.

"기술이 빠르게 변화하는데 아이들은 그 속도를 따라가고 있는가?"

나는 대전 곳곳의 초등학교와 중학교 아이들을 보면 종종 복잡한 마음이 든다. 주머니 속에는 최신 기기가 들어 있고, 손가락은 누구보다 빠르게 화면을 넘긴다. 하지만 정작 검색의 기초, 저작권의 의미, 개인정보 보호의 원칙 같은 가장 기본적인 디지털 시민 역량은 제대로 배우지 못한 경우가 많기 때문이다. 아이들은 디지털 세계를 '배운 뒤' 사용하는 게 아니라 '노출된 채' 살아가고 있다. 그래서 기술은 앞서가지만, 사람은 뒤처지는 기현상이 생긴다.

디지털 교육의 본질은 기술이 아니라 사람이다. 도구보다 사람을 먼저 세울 수 있어야 기술이 아이들의 성장을 돕는 힘이 된다. 그렇지 않으면 기술은 아이들의 마음과 주의를 잠식하는 거대한 그림자가 되어 버린다. 교실은 아이들이 미래를 준비하는 공간이지, 화면 속에서 길을 잃는 장소가 되어서는 안 된다. 따라서 디지털 교육을 새롭게 설계해야 한다. 공교육이 기술에 끌려가는 것이 아니라 사람을 중심으로 기술을 길들이는 교육을 실현해야 한다.

디지털 기초체력을 세우는 대전의 새로운 교실

디지털 교육의 문제는 기술이 아니라 '너무 빠른 노출'이다. 아이들이 스마트폰을 처음 가진 나이가 점점 빨라지고 있지만, 그 속도를 따라가는 교육은 아직 제자리를 찾지 못했다. 부모님들은 "얼마나 쓰는지", "무엇을 보는지", "어디까지가 안전한지”를 정확히 알지 못하고, 학교는 과의존 예방 교육을 단발적으로만 진행한다. 이러다 보니 아이들은 디지털 세계를 지도 없이 건너가는 여행자처럼 불안정한 상태에 놓인다.

그래서 필요한 게 디지털 기본기 교육의 체계적 도입이다. 초등 저학년부터 검색 방법, 저작권 개념, 정보 출처 확인, 개인정보 보호, 온라인에서의 예절과 상호작용 등 ‘디지털 시민의 기초체력’을 단계적으로 가르치는 것이다. 디지털 기초 교육은 특정 수업에만 등장하는 과목이 아니라 국어·사회·예체능 등 다양한 교과와 자연스럽게 연결되는 방식으로 재설계할 필요가 있다.

예를 들어 그림을 그릴 때 온라인 자료를 참고한다면, 동시에 저작권 개념을 이해시키고, 음악 수업에서 디지털 악보를 사용할 때는 창작자의 권리를 함께 이야기하는 것이다. 디지털은 특정 교과가 아니라 전 교과의 바탕이 되어야 한다.

그리고 교실에서 스마트폰을 보관하는 방식을 표준화하는 것도 고려해야 한다. 스마트폰은 수업의 도구가 아니라 방해물이 되는 경우가 더 많다. 아이들은 화면이 멀리 있을 때 훨씬 더 집중한다. 스마트폰을 교실 앞 보관함이나 개별 보관 파우치에 넣고 수업은 공용 기기로 진행한다면 학습 집중도를 높일 수 있을 것이다. 공용 기기 중심의 수업은 과의존을 차단하는 동시에 '도구는 교육의 목적을 위해 제한적으로 사용하는 것'이라는 원칙을 분명하게 만든다.

또한 화면 사용 시간의 연속 상한을 10~15분으로 설정하고 바로 오프라인 활동으로 전환해 아이들의 집중력과 시력을 보호하는 것도 중요하다. 이것은 해외의 여러 연구에서도 확인된 원칙이다. 화면을 오래 본 아이들은 과제 해결 능력이 떨어지고, 감정 조절에도 어려움을 겪는다. 디지털은 시간을 지나치게 붙들어 두는 도구이기 때문에 교육이 시간을 관리해 줘야 한다. 책을 읽거나 몸을 움직이는 시간, 친구와 대화하는 시간, 직접 쓰고 그리는 시간 같은 '비디지털의 순간'이 풍부하게 채워져야만 아이들은 균형을 회복한다.

디지털 합의서와 같은 것을 도입하여 건강한 디지털 라이프를 누리도록 하는 것도 필요하다. 학생과 부모, 그리고 학교가 함께 서명하는 '디지털 생활 합의서'를 만들어 야간·주말 사용 규칙을 명확히 설정하고, 위험 신호가 보이면 놀이·체육·상담 프로그램을 즉시 연결해 지원하는 방식이다. 이는 단순히 규제나 통제의 목적이 아니라 아이와 부모님이 디지털 사용을 함께 관리하고 점검하는 공동의 약속을 만드는 과정이다. 가정이 전적으로 떠안던 고민을 학교가 함께 나누는 구조이기도 하다.

더 나아가 학교별로 과의존 위험군 비율, 수업 중 화면 사용 시간 등을 대시보드로 공개한다면 어떨까. 부모님이 언제든 확인할 수 있게 투명한 정보 체계를 구축해 아이들이 어떤 환경에서 배우는지 스스로 판단할 수 있도록 도울 수 있다. 교육에서 투명성은 신뢰를 만드는 가장 빠른 길이다. 부모님이 확인할 수 있는 순간, 학교도 책임감을 가진다.

스마트폰은 배움의 도구가 될 수 있지만, 동시에 아이의 언어 능력·정서 능력·관계 능력을 약화시키는 원인이 되기도 한다. 디지털은 도구이고, 교실은 사람이다. 기술이 아이의 성장을 이끌게 할 것인지, 아이의 성장을 침해하게 둘 것인지는 교육의 철학이 결정한다.

과학과 문화도시 대전의 자원을 교실로 연결하기

대전은 다른 어떤 도시와도 비교할 수 없는 독특한 도시다. 과학도시이자 문화도시이며, 국가 연구 기관과 대학이 촘촘하게 자리 잡고 있다. 그러나 나는 오랫동안 하나의 문제를 목격해 왔다. 대전은 자원이 많지만, 아이들은 그 자원을 충분히 누리지 못한다는 사실이다. 특히 원도심 아이들은 과학관이나 연구 기관에 쉽게 접근하기 어렵고, 대학이나 기업의 프로그램 역시 시간표와 이동 문제 때문에 자주 연결되지 못한다. 자원이 있어도 '기회'가 되지 않는 것이 지금의 현실이다.

교육은 교실 안에서만 일어나는 것이 아니다. 교실과 마을, 대학과 연구 기관, 문화 공간이 자연스럽게 이어질 때 비로소 교육은 견고해진다. 그래서 '지역 수업일'과 같은 제도가 필요하다. 예컨대, 학기마다 정해진 날을 지정해 과학관, 대학, 도서관, 미술관, 문화 시설에서 정규 수업을 진행하는 것이다. 단순한 견학이 아니라 학교 시간표에 편성되는 정규 교육과정이다. 아이들은 그곳에서 실험을 하고, 연구자의 강의를 듣고, 문화예술 체험을 하며 배움을 확장한다.

이동은 권역 셔틀을 통해 안전하게 지원하고, 보험과 위험 관리도 교육청이 책임진다면 부모님들도 안심할 것이다. 부모님이 "우리 아이가 안전하게 이동할 수 있을까?"라는 걱정을 하지 않아도 되도록 모든 구조를 행정이 맡아야 한다. 학교는 그저 교육에 집중하면 된다.

또한 참여한 기관과 학교는 성과를 공개하는 투명한 구조를 갖게 된다. 어떤 프로그램을 했는지, 아이들의 만족도와 참여도는 어땠는지, 교육적 효과는 무엇이었는지 모든 부모님이 확인할 수 있도록 한다. 주소가 아이의 기회를 결정하지 않게 해야 한다. 이것은 마을 교육의 핵심 철학이다.

대전은 이 제도를 도입하기에 최적의 도시다. KAIST와 ETRI가 있고, 우주·바이오·정보통신·문화예술 분야의 기업과 기관이 있다. 아이들은 이 자원을 실제 경험으로 받아들이며 미래를 상상하고, 진로를 탐색하며, 자신이 걸어갈 길을 구체적으로 그려볼 수 있다. 이것은 책과 강의로는 절대 만들어낼 수 없는 교육 효과다. 배움의 진짜 힘은 몸으로 경험하는 순간에 생긴다.

대전은 이미 준비된 도시다. 필요한 것은 연결이다. 학교와 지역, 문화와 기술, 안전과 배움을 자연스럽게 이어 주는 교육철학이다. 기술보다 사람을 먼저 세우는 디지털 교육, 도시 전체를 교실로 확장하는 지역 연계 교육. 이 두 가지는 대전의 아이들이 미래를 살아갈 힘을 키울 수 있도록 도울 것이다.

책임을 회피하면 교실은 무너진다

특수학급의 과밀 문제는 단순히 교실이 부족해서 생긴 현상이 아니다. 교육청의 철학, 행정의 태도, 그리고 교육감의 책임 의식이 고스란히 드러나는 영역이다. 지금 대전의 특수학급에서는 몸과 마음이 불편한 아이들이 과밀하게 몰려 있고, 교사는 감당할 수 없는 업무량 앞에서 지쳐간다. 학부모는 일상적으로 불안 속에서 살고, 학교는 민원을 우려해 적극적 조치를 꺼린다. 이렇게 교육행정이 한 걸음 뒤로 물러나는 동안 그 피해는 언제나 가장 약한 존재에게 떨어진다.

교육 정책은 결국 누군가의 삶을 만지고 바꾸는 일이다. 특히 특수교육은 국가가 책임져야 할 '의무 영역'이며, 아이

들이 선택할 수 없는 조건을 대신 책임지는 사회의 약속이
다. 하지만 교육행정이 민원과 갈등을 이유로 이 약속을 미
루는 순간, 교육의 토대는 무너진다. 특수학급 과밀 문제를
해결하는 일은 단지 학교 한두 곳의 문제가 아니다. 교육이
무엇을 위해 존재하는가를 묻는 본질적 질문이다. 이 문제
는 결코 가벼운 행정적 사안으로 그치지 않는다. 교육의 미
래를 세우는 일은 언제나 가장 약한 아이들을 어떻게 대하
느냐로 판단되기 때문이다.

책임을 회피하는 순간
가장 약한 아이들부터 무너진다

신뢰의 교육공동체에서 말하는 그 신뢰가 진짜인지, 말뿐인
지 가장 먼저 드러나는 곳이 있다. 바로 우리 사회의 가장
약한 고리가 있는 자리, 특수학급과 특수교육의 현장이다.

　대전 교육이 지금 직면한 과제 가운데 가장 절실하면서
도 근본적인 문제로 나는 특수학급의 과밀 문제를 꼽는다.
특수학급의 과밀은 단순히 "교실이 조금 좁다"든가 "교사가
조금 더 바쁘다"는 수준의 문제가 아니다. 특수교육은 우리
사회가 아이를 어떤 존재로 바라보는지, 그리고 국가가 어

떤 역할을 해야 한다고 믿는지 가장 정직하게 드러내는 거울이다. 교육이 무엇을 지향해야 하는지, 한 지역이 어떤 철학을 선택하고 있는지 적나라하게 비추는 지점이기도 하다.

대전의 특수학급 현장을 둘러보면, '과밀'이라는 표현으로는 담기지 않는 현실이 있다. 특수교육 대상 학생은 일반학급보다 훨씬 개별적 지원이 필요하다. 정서적 변화, 감각적 특성, 학습 특성 등이 모두 다르기 때문이다. 특수교육법에 특수학급의 학급당 학생 정원은 유치원 4명, 초·중학교 6명, 고등학교 7명이다. 그러나 대전의 많은 학교에서는 15명 이상이 한 교실에 배치되는 경우도 있다. 어떤 학교는 20명이 넘는 경우도 있다. 이는 사실상 정상적인 특수교육 운영이라고 말할 수 없다. 그런데 문제를 지적하면 학교는 늘 같은 말을 한다.

"민원이 많습니다. 지역 주민들이 반대합니다. 학교 안에서 갈등이 큽니다."

이 말은 이해할 수 있지만, 여기에 머무르는 순간 교육 책임은 사라진다. 민원이 많다는 것은 갈등을 해결해야 한다는 뜻이지, 정책을 멈추라는 뜻은 아니다. 갈등을 우회하려는 순간 교육은 가장 약한 존재의 몫으로 희생된다.

이 문제는 서울에서 이미 극명하게 드러난 적 있다. 지난 2017년 강서구에 특수학교 설립 과정에서 지역 주민들의 거센 반대가 일어났고, 주민 설명회는 아수라장이 되었다. 그 자리에서 장애 학생 학부모들은 주민들 앞에서 무릎을 꿇고 호소했다. 이 얼마나 참담한 광경인가. 찬반 논란과 별개로 그 장면이 우리에게 던진 메시지는 분명했다. 특수학교 설립은 누군가가 감수해야 하는 책임이며, 교육감은 그 책임을 피해서는 안 된다는 것이다.

대전의 현실도 크게 다르지 않다. 학교는 특수학급 교실 증설을 주저하고, 교육청은 민원을 이유로 결정을 미루고, 그 결과 학생들만 과밀 교실로 내몰린다. 교사는 과도한 부담에 시달리고, 학부모는 아이를 학교에 보내는 일 자체가 불안이 된다. 결국 교육은 약자를 중심으로 만들어지는 것이 아니라 약자를 가장 먼저 희생시키는 구조가 된다.

어떤 사람은 비장애 학생도 1학급 20명 내외가 적정 규모라고 말한다. 그러나 더 많은 도움이 필요한 아이들을 20~30명씩 모아두는 것은 상식적으로도 말이 되지 않는다. 교육은 생명의 존엄을 다루는 일이다. 그런데 특수학급은 마치 예산과 시설의 변수처럼 취급된다. 아이들은 관리의 대상이 아니며, 교실은 이 아이들을 적당히 넣어두는 공간이 아니다.

책임을 회피하는 문화는 결국 교육의 본질을 무너뜨린다. 특수교육 대상 학생들은 '배려받는 존재'가 아니라 우리 사회가 반드시 지켜야 할 공동체 구성원이다. 한 사회의 품격은 가장 힘이 약한 사람을 어떻게 대하느냐로 판단된다. 지금 대전의 특수교육은 이 질문 앞에서 솔직히 답하지 못하는 상황에 놓여 있다. 문제를 해결하는 길은 생각보다 분명하다. 그러나 그 길은 쉽지 않다. 그 길에는 민원과 갈등이 있기 때문이다. 그래서 교육감의 철학이 결정적이다.

대전의 특수학급은 이미 법정 기준을 넘어선 곳이 적지 않다. 초·중학교는 정원 6명, 고등학교는 7명이 기준이지만, 실제 현장에서는 이 숫자를 초과한 학급이 계속 보고되고 있다. 가원학교의 경우 설립 당시보다 학생들이 훨씬 늘어나 과밀을 걱정하는 실정이다. 그 결과 교사들은 한 아이에게 집중해야 할 시간을 쪼개서 나눌 수밖에 없고, 학생들은 자신의 동네를 떠나 왕복 두세 시간씩 통학을 감내해야 하는 상황에 놓인다. 이것은 단순한 '불편'의 문제가 아니다. 배움의 자리에 편안히 앉아 있을 권리, 자신에게 맞는 속도로 성장할 권리가 침해되고 있는 것이다.

그렇다면 왜 이 문제가 지금까지 해결되지 못했는가. 이유는 분명하다. 첫째, 특수교육 대상 학생 수는 꾸준히 증가해 지난 10년간 전국적으로 25% 이상 늘었지만, 특수학교와 특수학급의 공급은 그 속도를 따라가지 못했다. 수요와 공급의 불균형이 심해진 것이다. 둘째, 행정 절차가 지나치게 경직되어 있다. 부지 확보, 예산 심사, 설계와 공사, 개교에 이르기까지 전 과정이 길고 복잡해 서남부권 새 특수학교 개교 시점이 결국 2029년으로 미뤄졌다. 셋째, 특수교육을 아직도 일반 교육의 주변부로 보는 시각이 남아 있다. "조금 불편해도 참을 수 있지 않느냐"는 태도가 그 인식의 그림자다.

교육은 아이의 존엄을 기준으로 설계되어야 한다

나는 이 문제의 핵심을 예산 부족이나 물리적 규모의 한계에서 찾지 않는다. 이 문제는 철학의 문제다. 아이들의 학습권을 '예산 범위 안에서 조정 가능한 항목'으로 취급하는 순간, 교육은 이미 목적을 잃는다. 특수학급은 남는 공간에 끼워 넣고, 교사는 여력이 닿는 만큼만 배치하고, 통학 거리는 아이가 감수해야 할 몫이라고 여기는 순간, 우리는 국가와 학교의 존재 이유를 잊게 된다. 그래서 교육청을 비롯한 교육 당국이 적극 나서야 한다.

첫째, 법적으로 규정된 특수학급 인원 기준이 철저히 지켜져야 한다. 이를 초과할 경우, 교육청이 즉각 교실을 확보하거나 교원을 증원하도록 강제해야 한다. 지금은 학교 자율에 맡겨져 있다 보니 학생이 늘면 일단 '넣고 본다'는 방식이 반복된다. 기준이 없으면 약자가 희생된다. 기준을 세우는 것이야말로 교육의 책임을 세우는 일이다.

둘째, 특수학교 및 특수학급 증설을 더 이상 미루지 않아야 한다. 대한민국은 학교 한 채, 교실 몇 개 지을 돈이 없는 나라가 아니다. 예산의 문제가 아니라 의지와 용기의 문제다. 과밀 학급은 아이들의 학습권을 침해하고, 안전에도 위협이 된다. 교육청이 나서서 지자체와 국비를 확보하고, 필요하면 민원인 앞에서 직접 설득해야 한다.

셋째, 교육감이 갈등의 책임을 져야 한다. 교육감은 민원을 두려워해서는 안 된다. 필요하다면 교육감이 먼저 설명회에서 무릎을 꿇을 수도 있어야 한다. 왜냐하면 아이들의 권리는 어떤 민원보다 우선하기 때문이다. 특수교육 대상 학생이 자신을 이해하고 도와줄 수 있는 교육 환경에서 배움의 길을 걷는 것은 선택 사항이 아니라 권리다. 이 권리를 지키기 위해 교육청이 갈등을 감수하는 것은 너무도 당연한 일이다.

넷째, 특수교육을 '지역 공동체의 책무'로 확장하는 발상의 전환이 필요하다. 특수학교는 특정 학생만의 공간이라기보다 지역의 문화와 품격을 상징하는 공공시설이다. 핀란드, 덴마크, 캐나다 등 선진국은 특수교육을 일반 학교와 통합하거나 독립형 특수학교를 운영하면서 지역사회와 긴밀히 연계한다. 장애 여부가 아무런 차별의 기준이 되지 않는 구조를 만들기 위해서다. 대전도 가능하다. 불가능한 일은 아니다. 용기가 필요한 일일 뿐이다.

다섯째, 전환형 특수학교와 유휴 교실을 적극적으로 활용해야 한다. 새 학교가 완공되기 전까지 아이들을 그대로 과밀 학급에 두고 기다리게 할 수는 없다. 이미 있는 학교 공간을 전환해 특수학급으로 활용하고, 한시적으로라도 과밀을 분산해야 한다. 비어있는 교실, 활용도가 낮은 공간을 재구성하면 단기적인 숨통을 틔울 수 있다. 중요한 것은 "우리가 할 수 있는 최선이 무엇인가"를 지금 당장 묻는 것이다.

여섯째, 교사와 보조 인력의 확충이다. 학생 4명당 교사 1명을 배치하고, 심리·행동 지원 인력을 학급마다 두어 교사의 부담을 줄여야 한다. 특수교육은 교사의 헌신만으로 버틸 수 있는 영역이 아니다. 구조를 바꾸지 않으면, 가장 헌신적인 교사들부터 지쳐 나가떨어지게 된다.

일곱째, 통학 시간 상한제의 도입이다. 아이들이 하루 중 두세 시간을 통학에 쓰는 현실은 교육권의 차원에서 다시 생각해 봐야 할 문제다. 이동 시간이 길어질수록 체력은 떨어지고, 정서적 피로는 쌓인다. 지역사회와 지자체가 함께 나서 통학버스와 지역 교통망을 조정함으로써 아이들의 이동

권과 학습권을 함께 보장해야 한다.

여덟째, 공론의 장을 제도화하는 일이다. 특수학교의 입지와 운영 방식은 당사자와 학부모, 교사의 참여 없이 결정되어서는 안 된다. 갈등을 피하기 위해 조용히 밀어붙이는 방식은 오래가지 못한다. 오히려 숙의 과정을 공개적으로 밟아가며 정당성을 확보하는 것이 더 중요하다. 그래야만 지역사회가 "이 학교는 우리 모두의 학교"라고 인정할 수 있다.

결국 특수교육의 미래는 의지에서 시작된다. 교육감이 책임을 선택하면 변화가 일어나고, 책임을 회피하면 약자가 먼저 무너진다. 교육은 약자를 보호할 때 비로소 교육이 된다. 그리고 그 책임을 지는 것이 교육감의 첫 번째 임무다.

다시 한번 말하지만, 특수학급 과밀 문제는 결국 국가와 학교의 존재 이유를 다시 묻는 질문이다. 국가는 모든 아이가 차별 없이 교육받을 권리를 보장해야 한다. 이것은 선택이 아니라 책무다. 학교 역시 성적과 기준으로 아이를 가르는 공간이 아니라 서로 다른 아이들이 함께 배우고 성장하는 민주적 공공장소여야 한다. 그렇다면 특수학급의 과밀은 행정 비효율이나 운영상의 문제가 아니라 국가와 학교가 무엇을 위해 존재하는가에 대한 철학적 질문이다.

현장의 교사들은 이미 한계에 가까운 상황을 매일 마주하고 있다. 중증 학생 비율이 높아도 정원 기준은 그대로인

탓에 교사 한 명이 감당할 수 있는 범위를 훌쩍 넘어서는 학급이 적지 않다. 과밀 학급에서는 돌봄과 안전, 심리 지원이 취약해지고, 개별 학생의 특성과 속도에 맞춘 학습 설계는 사실상 불가능해진다. 학부모들 역시 깊은 불안을 호소한다. 왕복 두세 시간 통학에 지쳐가는 아이들을 보며 "이게 과연 우리 아이에게 평등한 교육이 맞는가"라는 질문을 반복할 수밖에 없다.

문제는 교육청도 이 현실을 모르는 것이 아니라는 점이다. 특수학교 신설 계획은 있지만, "새 학교가 문을 열 때까지 조금만 기다리자"는 답이 관성처럼 반복된다. 하지만 아이들의 학창 시절은 5년, 10년을 기다려주지 않는다. 과밀 학급에서 보내는 오늘 하루, 오늘 한 시간이 아이의 성장에 어떤 흔적을 남길지 생각해 보면, 이 문제를 세월이 해결해 줄 것처럼 미루는 태도는 용납되기 어렵다.

나는 특수교육이 사회 정의를 시험하는 바로미터라고 생각한다. 사회가 얼마나 약자를 존중하는지, 얼마나 다른 속도를 가진 아이들을 품을 준비가 되어 있는지 가장 먼저 드러나는 곳이 특수교육이다. 아이 한 명이 각각 존중받을 때만이 그 사회는 진정으로 모두를 존중할 수 있다. 특수학급 과밀 해소는 행정의 편의를 조정하는 일이 아니라 우리가 아이들을 어떤 존재로 바라보는지에 대한 대답이다. 교육은 효율성으로만 평가될 수 없으며, 아이들의 존엄을 기준으로 설계되어야 한다.

철학이 움직이는 교육행정의 원칙

교육은 효율보다 방향이 먼저다. 보고서를 기한 안에 올리고, 예산을 빠짐없이 집행하고, 각종 사업을 실적 위주로 관리하는 일은 행정의 기본이다. 그러나 교육은 숫자와 절차로만 굴러가지 않는다. 교육의 방향과 철학이 분명해야 학생과 교사, 학부모 모두가 신뢰할 수 있는 교육이 가능하다. 지금 대전시 교육청은 솔직히 말해 행정만 하는 기관이라는 평가를 피하기 어렵다. 새로운 정책, 새로운 비전이 잘 보이지 않는다. 이런 상태라면 지방자치의 의미가 없다. 중앙에서 교육감을 파견하던 시절과 무엇이 다른가 하는 질문을 피할 수 없다.

교육감에게 행정 능력은 기본이다. 기본을 허투루 해서는 안 된다. 하지만 교육 생태계의 구성원들이 교육감에게 기대하는 것은 '기본만 하는 사람'이 아니다. 행정을 기반으로 삼아 더 나은 교육의 철학과 방향을 제시하는 사람, 앞으로 10년 뒤 이 공동체의 아이들이 어떤 어른으로 자라야 하는지를 함께 그려갈 수 있는 사람을 원한다. 그래서 나는 "교육은 행정이 아니라 철학이어야 한다"고 말한다.

내가 예체능 교육을 강화해야 한다고 공개적으로 말하는 것은 나의 교육철학 때문이다. 예체능을 통해 아이들의 인성과 공동체성을 키우고, 학력과 삶의 균형을 잡아야 한다는 절박함이 담긴 철학이다. 이런 철학이 있어야 학교와 학생, 학부모는 앞으로의 교육 방향을 가늠할 수 있다. 그 철학 위에 정책이 서고, 그 정책 위에 행정이 움직인다.

교육은 행정이 아니라 철학으로 움직인다

나는 무엇보다 교육을 실험 대상으로 삼는 태도에 반대한다. 지금 대전과 우리나라 교육은 거듭되는 실험보다 신뢰 회복이 먼저다. 새로운 제도가 하나 도입될 때마다 아이들은 또 한 번의 시행착오를 감당해야 했다. 몇 년 뒤 그 정책이 실패로 평가되면, 또 다른 이름의 정책이 등장했다. 교과과정 개편, 입시 제도 변화, 학교 평가 방식의 전환…… 그 사이에서 아이들은 매번 새로운 기준에 적응해야 했고, 교사들은 정책 실험의 최전선에 서서 피로감을 호소해 왔다.

운동생리학자로서 나는 실험과 검증의 중요성을 누구보다 잘 알고 있다. 새로운 운동법이 몸에 어떤 변화를 불러오는지, 어떤 식단이 체력에 어떤 영향을 미치는지, 끊임없이 실험하고 데이터를 쌓아야 한다. 실패해도 괜찮다. 다시 설계하면 된다. 그러나 교육은 다르다. 아이들의 삶은 한 번뿐이다. 초등학교 3학년, 중학교 2학년, 고등학교 1학년은 다시 돌아오지 않는다. 그래서 교육은 시행착오를 마음 편히 반복할 수 있는 영역이 아니다. 더 이상 아이들을 정책 실험의 대상으로 삼아서는 안 된다.

지금 우리에게 필요한 것은 새로운 실험이 아니라 잃어버린 신뢰를 회복하는 일이다. 신뢰는 구호나 홍보 문구에서 나오지 않는다. 철학에서 나온다. 교육청이 무엇을 지향하는지, 교육감이 어떤 가치로 결정하는지 구체적인 사례에서 드러날 때 비로소 신뢰가 쌓인다. 나는 그 출발점이 "행정만 하는 교육청에서 방향 있는 교육청으로" 바뀌는 일이라고 생각한다. 그리고 그 변화의 핵심이 바로 "교육은 행정이 아니라 철학으로 움직인다"는 인식의 전환이다.

나는 오랫동안 학교와 대학을 오가며 교육 현장을 지켜보았다. 연구실에서는 학생들의 잠재력을 숫자와 데이터로 분석하며 가능성을 살폈고, 강단에서는 그 학생들이 성장하는 모습을 가장 가까이에서 지켜보았다. 대학 행정의 자리에서는 교육이 제도와 규정, 예산과 사업 속에서 어떻게 작동하는지 몸으로 체감했다. 이 다양한 경험들이 내게 한 가지 분명한 확신을 심어주었다.

행정은 정확성과 효율성을 요구한다. 보고서는 빈틈없이 작성되어야 하고, 예산은 규정에 따라 집행되어야 하며, 사업은 정해진 절차에 따라 운영되어야 한다. 물론 이 모든 것은 필요하다. 그러나 아무리 행정이 잘 갖추어져 있다고 해도 그것만으로 교육이 살아 움직이지는 않는다. 교육이 나아갈 방향을 정하고, 우리가 무엇을 위해 이 일을 하는지 스스로에게 묻는 힘은 행정에서 나오지 않는다. 그 힘은 언제나 교육철학에서, 다시 말해 "우리는 왜 이 아이들을 가르치는가"라는 질문에서 비롯된다.

그래서 나는 지방 교육 자치의 핵심 역시 철학이라고 본다. 많은 사람들은 지방 교육 자치를 단순히 권한의 이전으로 이해한다. 예산과 인사, 학교 운영의 권한을 어느 범위까지 지역에 넘길 것인지, 중앙의 통제를 얼마나 풀 것인지의 문제로만 바라본다. 하지만 내가 생각하는 진정한 교육자치는 행정의 분권이 아니라 철학의 분권이다. 내가 자치분권 연구소 교육자치위원회 위원장으로서 교육자치라는 화두를 꺼내 들면서 강조한 게 바로 이 철학의 분권이다.

중앙정부는 교육의 큰 틀과 법을 설계한다. 그러나 아이들의 삶과 하루를 가장 가까이에서 지켜보는 곳은 지역이다. 대전의 아이들은 대전의 문화와 대전의 공동체 속에서 자란다. 이 도시의 교사들은 대전의 교실에서 아이들의 표정을 매일 마주한다. 학부모들은 대전의 경제와 일자리, 주거 환경 속에서 아이들의 미래를 고민한다. 그렇다면 대전 교육의 방향을 가장 잘 알고 있는 사람들은 어디에 있는가.

책상이 아니라 현장에 있다. 장관의 연설문이 아니라 교실에서, 교육청 건물의 보고서가 아니라 아이들의 걸음이 닿는 마을과 학교에 있다. 그렇기 때문에 교육청은 더 이상 지시와 통제의 기관이어서는 안 된다. 학교와 학부모, 지역사회를 연결하는 철학의 허브가 되어야 한다. 서로의 이야기와 경험이 모이는 플랫폼, 신뢰와 공감이 오갈 수 있는 광장이 되어야 한다. 교사는 자신의 전문성과 경험을 바탕으로 교육 정책 논의에 참여하고, 학부모는 불안이 아니라 신뢰의 시선으로 학교를 바라볼 수 있어야 한다. 지역사회는 협력의 정신으로 학교와 아이들을 함께 품어야 한다. 이것이 내가 생각하는 지방 교육 자치의 진짜 의미다.

균형과 존중과 사람 중심의 교육이어야 한다

교육철학의 중심에는 언제나 사람이 있어야 한다. 사람을 키우다는 것은 지식을 주입하는 일이 아니라 한 개인의 마음과 가능성을 존중하는 일이다. 나는 교육철학을 떠받치는 핵심 가치가 세 가지라고 믿는다. 균형, 존중, 사람 중심이다.

먼저 균형이다. 학력만 높다고 해서 아이가 튼튼하게 성장하지 않는다. 인성과 정서, 신체적 건강은 학력과 함께 자라야 한다. 시험 점수만으로 아이를 평가하면, 우리는 아이의 절반만 보는 것이다. 전인적 성장이 빠진 교육은 언젠가 한계에 부딪힌다. 문제 해결 능력, 공감 능력, 회복탄력성 같은 보이지 않는 힘들이 함께 자라지 않는다면, 그 아이는 사회에 나가 첫 번째 큰 파도 앞에서 쉽게 무너질 수 있다.

둘째는 존중이다. 교사는 행정 체계의 말단이 아니라 전문인이다. 교육 연구와 수업 준비, 학생 상담과 생활 지도를 모두 감당해 내는 고도의 전문 직업이다. 그럼에도 아직 많은 현장에서 교사는 지시를 전달받는 대상, 평가를 감수해야 하는 대상, 민원을 방어해야 하는 대상으로만 취급된다. 교사가 존중받지 못하는 곳에서 교육이 제대로 서기 어렵다. 학부모 역시 불안이 아니라 신뢰로 학교를 바라볼 수 있어야 한다. "우리 아이를 학교에 맡겨도 괜찮다"는 안심이 있을 때, 학교와 가정은 협력할 수 있다. 교육청은 지시 기관이 아니라 현장을 신뢰하고 뒷받침하는 지원 기관이 되어야 한다.

셋째는 사람 중심이다. 교육은 제도나 보고서 안에서 일어나는 일이 아니다. 교사의 눈빛과 아이의 표정, 학부모의 한숨과 안도의 미소가 교실 안에서 부딪히고 어우러질 때, 그 안에서 교육이 이루어진다. 제도는 그 흐름을 보조하는 도구일 뿐, 본질적인 힘은 사람에게서 나온다. 교사의 열정, 아이들의 웃음, 학부모의 믿음이 서로 맞물릴 때 교육은 비로소 살아있는 형태를 갖춘다.

나는 대전이라는 도시가 이 세 가지 가치를 품을 수 있는 힘을 갖추고 있다고 믿는다. 과학과 교육이 동시에 숨 쉬고, 연구단지와 대학, 문화 인프라가 촘촘하게 자리 잡은 도시. 시민의식이 성숙하고, 지역을 위해 헌신해온 시민사회가 살아있는 도시. 이런 도시야말로 대한민국 교육의 새로운 기준을 제시할 수 있다고 생각한다.

대전의 학교들은 이미 많은 혁신의 가능성을 품고 있다. 문제는 제도가 부족해서가 아니라 방향이 뚜렷하지 않기 때문이다. 혁신은 제도만 바꾼다고 이루어지지 않는다. 교육의 방향을 결정하는 철학이 분명히 서 있을 때, 제도는 비로소 힘을 얻는다. 무엇을 시도할 것인가도 중요하지만, 왜 이 길을 선택하는가가 더 중요하다.

이제 교육이 더는 실험이 안 되도록 하되, 변화를 두려워하지 않는 도시를 만들어야 한다. 정책보다 철학이 앞서고, 제도보다 신뢰가 먼저 작동하는 도시 말이다. 그럴 때 도시는 교육에서 품격을 갖추게 되고, 그 품격은 아이들의 일상으로 자연스럽게 스며든다. 철학과 자치가 만나는 순간, 학교는 더 이상 행정의 수혜자가 아니라 스스로 움직이는 공동체가 된다. 교육청은 지시 기관이 아니라 교사와 학부모, 지역사회가 함께 토론하고 결정하는 협력의 공간으로 자리 잡는다. 교육은 정책이 아니라 문화가 된다. 변화는 누군가가 밀어붙이는 것이 아니라 스스로 자라나는 과정이 된다.

이 모든 변화의 출발점은 언제나 교실이다. 교실이 흔들리면 어떤 개혁도 성공할 수 없다. 교사가 눈치 보지 않고 가르칠 수 있는 교실, 아이들이 자유롭게 질문할 수 있는 분위기, 학부모가 불안이 아니라 믿음으로 학교를 바라보는 지역사회가 되어야 한다. 이런 환경은 행정 명령으로 만들어지지 않는다. 그것은 오직 신뢰로 세워진다. 교사가 아이를 믿고, 학부모가 교사를 믿고, 교육청이 현장을 믿을 때 교육은 하나의 공동체로 설 수 있다. 나는 이 신뢰야말로 교육의 품격을 결정한다고 생각한다.

교육청은 소통과 철학을
공유하는 플랫폼

교육은 행정 절차를 매끄럽게 돌리는 일이 아니라 사람과 사람 사이에 신뢰를 세우는 일이다. 결재선이 잘 돌아가고, 보고서가 제때 올라간다고 해서 교육이 제대로 굴러간다고 할 수는 없다. 아이들의 하루는 결재 문서가 아니라 교실의 공기, 가정의 사정, 도시가 품은 이야기 속에서 만들어진다. 그래서 교육청이란 곳도 단순히 공문을 찍어내는 관청이 아니라 이 모든 목소리를 받아 모아 방향을 정리해 주는 '허브'가 되어야 한다.

나는 요즘 종종 이런 상상을 한다. 교육청이 높은 담장과 출입증으로 둘러싸인 '관청'이 아니라 누구나 드나들 수 있는 마을의 큰 광장이라면 어떨까. 교사와 학부모, 학생과 시민이 둘러앉아 "대전의 아이들을 어떤 어른으로 키울 것인가"를 함께 이야기하는 장소로 거듭나는 것이다. 그 자리에서 정책은 종이 위에서가 아니라 대화 속에서 태어나고, 신뢰는 홍보 문구가 아니라 함께 결정하는 과정에서 자라나는 곳으로 말이다.

교육청을 그런 공간으로 바꾸는 일은 단지 소통 방식을 바꾸는 것이 아니다. 교육을 행정의 영역에서 시민과 아이들이 살아가는 삶의 영역으로 되돌려 놓는 일이다. 교육청은 '소통과 철학을 공유하는 플랫폼'으로 재설계되어야 한다. 그리고 그 플랫폼 위에서 대전이라는 도시가 품고 있는 더 큰 과제들, 예를 들어 오구라 수집품 환수와 같은 역사 정의의 문제까지 함께 이야기하고 함께 책임지는 시민 교육으로 확장할 수 있어야 한다. 교육청이 소통의 플랫폼이 될 때, 도시는 아이들에게 단지 공부만 가르치는 공간이 아니라 기억과 정의를 함께 배우는 학교가 된다.

소통과 광장의 시대를 여는 교육청

교육청이 정책을 일방적으로 내려보내는 시대는 끝나야 한다. 위에서 만든 정책을 아래로 내려보내면 학교는 그 지침을 이행하고, 교사와 학부모, 학생은 그 변화를 뒤따라가야 하는 구조는 오래된 방송국처럼 한 채널에서만 신호를 보내는 한쪽만의 방향 시스템이다. 그러나 지금의 아이들과 교실, 학부모와 시민사회는 이미 여러 채널로 끊임없이 서로에게 신호를 주고받는 세상에 살고 있다. 교육청만 여전히 옛날식 라디오처럼 한 방향으로만 말하고 있다면, 그 사이에서 가장 먼저 길을 잃는 존재는 결국 아이들이다.

교육은 행정이 아니라 방향의 문제다. 행정은 그 방향을 구현하는 도구일 뿐이다. 교육청이 해야 할 가장 중요한 일은 "어떻게 하면 더 효율적으로 관리할 것인가"가 아니라 "어떤 아이로, 어떤 시민으로 키울 것인가"를 먼저 묻는 것이다. 그래서 나는 교육청을 행정 기관이 아니라 '소통과 철학을 공유하는 플랫폼'으로 바꿔야 한다고 본다.

플랫폼이라는 말은 단순히 온라인 시스템을 새로 만든다는 뜻이 아니다. 기차역의 플랫폼을 떠올려 보면 된다. 다른 방향으로 향하는 열차들이 한자리에 모이고, 각자 다른 길을 가려는 승객들이 그 위를 오간다. 교육청도 그렇게 다양한 주체들이 자신이 가는 길을 위해 잠시 머물러 설 수 있는 곳이 되어야 한다. 교사의 고민, 학부모의 불안, 학생의 목소리, 시민사회의 제안이 한 자리에 모여 서로 부딪히고,

그 안에서 새로운 방향이 잡히는 곳으로 말이다. 그게 바로 '소통 플랫폼'이다.

정책은 문서가 아니라 대화 속에서 만들어져야 한다. 신뢰는 홍보 영상이 아니라 함께 결정하는 과정에서 자란다. 예를 들어 교육청이 새로운 평가 방식을 도입하려고 한다고 해보자. 지금까지는 공문 한 장과 설명회 몇 번이면 절차가 끝났다. 그러나 앞으로는 달라져야 한다. 교사와 학부모, 학생 대표가 참여하는 공론장, 온라인 의견 수렴 창구, 학교별 간담회 등을 통해 실제로 현장의 목소리가 정책 내용에 반영되는 과정을 투명하게 보여줘야 한다.

이 과정은 시간도 들고, 때로는 갈등도 동반한다. 그러나 나는 이 갈등이야말로 교육에 대한 시민의 신뢰를 높이는 과정이라고 생각한다. 나아가 교육청이 더 이상 '통보하는 기관'이 아니라 '함께 결정하는 공간'으로 인식될 때, 교사와 학부모, 학생은 교육 정책을 남의 일이 아니라 자신의 문제로 받아들이게 된다.

교육은 결국 "우리 아이들이 어떤 사람이 되어야 하는가, 어떤 삶을 살아야 하는가"를 함께 고민하는 일이다. 이 질문은 어느 한 사람의 머릿속에서만, 어느 한 정당의 공약집 속에서만 정리될 수 없다. 수많은 삶의 경험과 가치관, 서로 다른 현실들이 모여야 비로소 '대전 교육'이라는 하나의 방향이 잡힌다.

이제 교육은 정치가 아닌 공감과 신뢰의 교육 플랫폼 위에 설 때, 도시의 미래를 기대할 수 있다. 교육청은 더 이상 선거 때만 관심을 받는 기관이 아니라 일상의 민주주의가 살아 숨 쉬는 공간이 되어야 한다. 교사가 자신의 전문성을 존중받으며 교육 정책 논의에 참여하고, 학부모가 '내 아이의 학교 이야기'를 교육청과 자연스럽게 나눌 수 있고, 학생이 자기 삶과 직결된 의제를 직접 제안할 수 있는 구조를 만들어야 하는 것이다.

오구라 수집품 환수는 모두가 참여하는 역사 교육

공감과 신뢰의 교육청 위에 서 있을 때, 우리는 비로소 더 큰 이야기를 꺼낼 수 있다. 한 공동체가 어떤 역사를 기억할 것인지, 어떤 정의를 선택할 것인지 아이들과 함께 고민할 수 있다. 오구라 수집품 환수 문제 역시 그런 이야기 중 하나다. 이 과제는 문화재 행정의 영역을 넘어 우리 모두가 함께 써 내려가야 할 역사 교육의 현장이다.

오구라 수집품 환수는 우리의 역사적 정의를 세우는 길이다. 잃어버린 유산을 다시 불러올 때, 우리는 비로소 우리 자신에게 가까워진다. 집 안을 정리하다가 우연히 오래된 사진 한 장을 발견했을 때의 느낌을 떠올려 보면 된다. 흐릿한 흑백 사진 안에 서 있는 낯선 얼굴이 알고 보니 할머니의 어린 시절이었다는 사실을 알게 되는 순간, 그 사진은 단순한 종이가 아니다. 나를 여기까지 이어 준 기억의 한 조각이 된다. 문화재도 그렇다. 먼 나라 박물관의 유리 진열장 속에 갇혀 있는 우리의 유산은 우리에게서 떨어져 나간 거대한 사진첩의 한 장면과 같다.

우리는 흔히 현재를 당연한 것으로 여긴다. 안정된 일상, 과학기술의 발달, 눈에 보이지 않는 행정 시스템의 작동까지 마치 원래부터 그렇게 존재해온 것처럼 느낀다. 그러나 우리의 평온한 오늘은 결코 자연스럽게 주어진 게 아니다. 수많은 선열들이 치열하게 지켜낸 시간 위에 지금의 대한민국이 있다. 침탈과 저항, 상실과 회복의 역사가 켜켜이 쌓인 자리 위에 우리가 서 있는 것이다. 그렇기에 여전히 해결하지 못한 역사적 과제가 존재한다는 사실은 더욱 묵직하게 다가온다.

일제강점기 강탈된 문화재 환수 문제는 그 가운데에서도 가장 중요한 과제 중 하나다. 그 중심에 '오구라 컬렉션'이 있다. 나는 문화유산회복재단 오구라 수집품 환수위원회 공동대표다. 이 일을 맡게 된 이유는 분명하다. 이 문제는 단순히 문화재를 "되돌려 받느냐, 마느냐"의 문제가 아니다. 우리가 어떤 역사를 기억하고, 어떤 미래를 선택할 것인지 묻는 근본적 질문이다. 나는 이 환수 과제가 한국 사회가 앞으로 어떤 정의를 세울 것인가를 시험하는 중요한 분기점이라고 생각하기 때문에 환수위원회의 공동대표를 맡았다.

오구라 컬렉션은 식민지 수탈의 상처 위에 남겨진 흔적이다. 오구라 다케노스케라는 이름은 한국 사회에서 문화재 반환 문제와 밀접하게 연결되어 있다. 그는 1920년대 한반도 전역을 돌며 유·무형 문화재를 '수집'했다. 그러나 그 '수집'이라는 단어는 실제 역사 앞에서는 올바른 표현이 아니다. 식민지 현실을 악용하고, 혼란과 빈곤을 틈타 문화재를 강탈하다시피 가져간 경우가 많았다. 당시 일본에서도 그에게 "문화재 도굴의 왕"이라는 말이 붙었을 만큼 그의 행위는 윤리의 경계를 오래전에 넘어선 것이었다.

그가 가져간 유물들은 지금도 도쿄국립박물관 동양관 한국실의 절반 이상을 차지한다. 현재 파악된 바로는 박물관에 1,030점이 소장되어 있다. 더군다나 1965년 한일 협정 당시 다른 문화재는 일부가 반환되었지만, 오구라 수집품은 '사유물'로 분류되어 단 한 점도 반환되지 않았다. 돌아오지 못한 유물들은 단순한 '물건'이 아니다. 조상들의 손길과 사유, 기술과 정서가 담긴 시간의 기록이며, 우리의 정체성을 구성하는 중요한 조각들이다.

그래서 문화재 환수는 물건의 반환이 아니라 기억의 회복이다. 환수 운동을 그저 '외교 이슈'나 '문화재 행정' 정도로 취급한다면 이 문제의 깊이를 놓치게 된다. 나는 이 운동이 그보다 훨씬 깊고 넓은 의미가 있다고 생각한다. 이것은 역사적 정의를 회복하는 과정이자, 국민의 자존감을 되찾는 일, 그리고 국제사회에서 보편적 가치를 확장하는 노력이다.

강제로 빼앗긴 유산을 되돌려 받는 일은 과거의 상처를 치유하는 첫걸음이다. 동시에 아이들과 시민들이 우리 문화의 깊이를 직접 체험할 수 있는 길을 여는 일이기도 하다. 교과서 속 흑백 사진으로만 보던 유물이 우리의 박물관 전시실에 돌아왔을 때, 아이들은 "이게 우리 것이었구나"라는 감각을 몸으로 느낀다. 그 경험은 시험 문제 몇 개를 맞히는 것과는 비교할 수 없는 힘을 갖는다.

나아가 문화재 반환은 특정 국가 간의 협상 문제가 아니다. 전 세계적으로 점점 더 중요하게 논의되는 인류 보편 가치의 영역이기도 하다. 약탈당한 문화재를 원래의 자리로 돌려보내려는 흐름은 전 세계 곳곳에서 일어나고 있다. 이 과정에서 우리는 단지 피해자의 입장에 머무르는 것이 아니라 세계와 함께 새로운 기준을 만들고, 과거의 식민 수탈을 넘어서는, 미래를 지향하는 연대의 길을 제시할 수 있다.

오구라 수집품 환수위원회는 이러한 문제의식을 바탕으로 출범했다. 우리의 목표는 단순하지 않다. 문화재 하나를 돌려받는 데도 법률적 검토, 외교적 조율, 재정적 뒷받침이 모두 필요하다. 그렇기에 이 운동은 소수 전문가나 관료의 영역에만 머무를 수 없다. 시민이 함께 참여할 때 비로소 지속 가능한 힘을 갖게 된다.

나는 환수 운동이 성숙한 시민 참여의 장이 되기를 바란다. 그래서 '1만인 동참 운동'과 같은 캠페인을 통해 시민들이 스스로 우리 문화유산의 주인이 되는 경험을 가졌으면 하는 바람이 있다. 또한 교육 현장과도 연결하고 싶다. 학생들이 문화재의 가치를 배우고, 환수의 필요성을 스스로 토론하며, 직접 캠페인과 연구 활동에 참여하는 '환수 체험 수업'을 할 수 있다면 좀 더 우리 역사를 진지하게 생각하지 않을까. 대전이라는 도시가 가진 문화·과학·교육 자원을 활용해 환수 운동을 지역사회 전체의 문화적 경험으로 확장하는 것이다.

이 과정에서 지방정부와 교육청의 역할은 더욱 중요해진다. 나는 세 가지 실천 방향을 제안하고 싶다.

첫째, 국가의 역할 강화다. 문화재청과 외교부는 환수 문제를 국가적 우선 과제로 삼아 일본 정부와의 공식 협의를 체계적으로 추진해야 한다. 정치·외교적 상황에 따라 환수 문제가 흔들려서는 안 된다. 둘째, 지방정부의 참여 확대다. 지자체는 문화 프로그램, 교육시설, 전시 공간 등을 활용해 시민들이 환수 운동에 자연스럽게 참여하도록 돕는 역할을 맡아야 한다. 셋째, 교육 현장의 역할 복원이다. 학생들이 직접 유물을 보고, 그 유물이 걸어온 역사를 배우고, 환수 운동에 대해 스스로 의견을 낼 수 있는 교육과정을 도입해야 한다. 아이들이 과거를 바로 이해할 때, 미래의 시민으로 성장할 수 있다.

잃어버린 유산을 되찾는 일은 결국 우리 자신을 되찾는 일이다. 오구라 수집품 환수는 단순한 반환 협상이 아니다. 그것은 역사를 둘러싼 기억의 자리를 되찾는 일이며, 우리의 정체성을 스스로 지켜내겠다는 선언이고, 무엇보다 대한민국이라는 공동체가 어떤 미래를 꿈꾸는지에 대한 답이다.

나는 교육자다. 그리고 교육자이기 이전에 이 땅의 문화와 역사를 사랑하는 시민이다. 그래서 이 일을 '누군가 대신해주겠지' 하고 넘길 수 없다. 교육청이 소통 플랫폼이 된다면, 바로 이런 역사 정의의 과제를 시민과 함께 논의하고, 아이들과 함께 배워나가는 장이 될 수 있다. 대전의 교실과 마을, 시민사회와 교육청이 하나의 길을 바라보며 함께 걸을 때, 오구라 수집품 환수는 더 이상 '머나먼 외교 현안'이 아니라 우리 모두가 직접 참여하는 시민 교육의 현장이 된다.

역사는 결코 완성된 책이 아니다. 우리가 어떻게 기억하고 행동하느냐에 따라 계속 쓰여 나간다. 오구라 컬렉션 환수는 그 역사책의 중요한 한 페이지를 우리가 직접 써 내려가는 일이다. 나는 시민과 함께, 그리고 아이들과 함께 그 페이지를 반드시 되찾고 싶다. 그리고 그 길의 한가운데에 '소통 플랫폼'으로 다시 태어난 대전교육청이 서 있기를 바란다.

다시, 아이들의 웃음으로 돌아가자

돌아보면 내 삶의 중심에는 언제나 학생들이 있었다. 대학에서 처음 마주했던 학생들의 눈빛, 연구실에서 밤을 새우며 떠올렸던 질문들, 행정의 현장에서 수없이 반복되던 선택의 순간들까지 모두가 결국 학생들로 향해 있었다. 성과와 평가, 숫자와 일정이 교육을 압박할 때조차 내 기준은 늘 하나였다. 이 결정이 학생들에게 어떤 하루를 만들어줄 것인가. 교육은 제도가 아니라 관계이고, 성적이 아니라 성장이라는 믿음은 그때마다 나를 다시 제자리로 돌려놓았다.

나는 평생을 교육자로 살아왔다. 체육학을 공부했고, 연구자가 되었고, 교수가 되었으며, 행정의 현장으로도 나갔다. 사람들은 내 이력을 두고 다양하다고 말하지만, 내게는 하나의 길이었다. 학생들이 더 건강하게, 더 공정하게, 더 자기답게 자랄 수 있는 길을 찾는 과정이었다.

강단에서는 몸으로 배우는 공정과 협력을 가르쳤고, 연구실에서는 과학과 데이터로 교육의 근거를 세우려 했다. 행정의 현장에서는 제도가 사람을 놓치지 않도록 붙들고자 애썼다. 그 모든 경험은 결국 하나로 모였다. 교육은 현장에 있어야 하고, 아이에게 닿아야 하며, 사람을 향해야 한다는 확신이었다.

정치의 언어는 빠르고 계산적이다. 그러나 교육의 언어는 느리고 정직하다. 나는 그 느림을 택해 왔다. 특혜보다 원칙을, 요령보다 절제를 선택한 이유는 단 하나였다. 아이들 앞에서, 제자들 앞에서 부끄럽지 않기 위해서였다. '문재인 대통령의 동서'라는 이름은 내 삶에 늘 따라붙었다. 축복이자 짐이었고, 때로는 오해와 감시의 다른 이름이었다. 그 이름 덕분에 얻은 것은 거의 없었지만, 그 이름 때문에 지켜야 할 기준은 훨씬 더 높아졌다. 그래서 더 조심했고, 더 깐깐해졌으며, 더 많은 손해를 감수해야 했다.

사람들은 내게 왜 그렇게까지 하느냐고 물었다. 조금만 유연하게 굴면 편해질 텐데, 왜 늘 원칙부터 앞세우느냐고 했다. 그러나 교육자는 아이들의 미래를 다루는 사람이다.

오늘의 작은 타협이 내일의 기준이 될 수 있다면, 나는 그 타협을 선택할 수 없었다. 권력의 그늘이 짙을수록 기준은 더 분명해야 했다. 그래서 더 깐깐해졌고, 그래서 더 손해를 봤다. 하지만 그 손해는 결국 신뢰라는 자산으로 돌아왔다. 시간이 지나면서 사람들은 알게 되었다. '털어도 나올 게 없는 사람'이라는 말이 단순한 수사가 아니라는 것을 말이다.

이 책을 쓰며 나는 내 삶을 다시 천천히 되짚어 보았다. 흙길을 달리던 서산의 농촌 소년이 어떻게 교육자의 길을 걷게 되었는지, 체육이 내게 무엇을 가르쳐 주었는지, 왜 나는 끝내 교육을 떠나지 못했는지를 스스로에게 묻는 시간이기도 했다. 그 답은 언제나 같았다. 교육은 사람을 살리는 일이고, 나는 그 일을 포기할 수 없다는 사실이었다. 공부를 잘하는 아이만이 아니라 넘어지는 아이, 뒤처지는 아이, 말이 없는 아이까지 끝까지 붙잡는 것이 내가 배운 교육의 본질이었다.

대전 교육을 생각하면 마음이 무거워진다. 교실은 지쳐 있고, 교사는 소진되어 있으며, 아이들은 점수와 비교 속에서 숨 쉴 틈을 잃고 있다. 돌봄의 공백은 여전히 존재하고, 격차는 쉽게 줄어들지 않는다. 그러나 나는 여전히 희망을 본다. 교실을 다시 세울 수 있는 힘은 현장에 있고, 아이들의 가능성은 아직 충분히 열려 있다고 믿기 때문이다. 필요한 것은 더 많은 정책이 아니다. 방향이다. 관리자가 아니라 리더, 계산이 아니라 철학이다.

교사는 가르치고, 학생은 배우며, 학부모는 안심하는 교실이라는 그 평범한 일상이 회복되어야 한다. 한 아이도 놓치지 않는 돌봄, 공정이 일상이 되는 규칙, 실패가 배움으로 환원되는 교실을 보고 싶다. 정책은 수단일 뿐이고, 방향은 분명하다. 정치보다 교육, 계산보다 양심, 그리고 무엇보다 아이들이다.

나는 완벽한 사람이 아니다. 다만 흔들릴 때마다 다시 아이들 쪽으로 몸을 돌려 온 사람이다. 이 책에 담긴 이야기는 성공담이 아니라 선택의 기록이다. 편한 길 대신 불편한 길을 택했고, 빠른 길 대신 돌아가는 길을 걸었다. 그 선택들이 옳았는지는 시간이 말해줄 것이다. 다만 분명한 것은 그 모든 선택의 끝에 아이들이 있었다는 사실이다.

마침표는 선언이 아니라 약속이어야 한다고 믿는다. 아이들의 웃음이 교실에 번지고, 그 웃음이 도시의 온도가 되는 날까지 강단과 연구실, 행정의 현장에서 내가 배운 것과 쌓아온 것을 비롯해 그동안 견뎌온 시간을 모두 그 웃음으로 돌려주고 싶다. 이것은 나뿐만 아니라 기성세대의 약속이어야 한다. 그것이 내가 교육자로 살아온 이유이며, 앞으로도 놓지 않을 나의 기준이다.

다시, 아이들의 웃음으로 돌아가자. 그 웃음이 멈추지 않도록 나는 오늘도 교육의 자리로 향한다.

다시, 아이들의 웃음으로 돌아가자. 그 웃음이 멈추지 않도록 나는 오늘도 교육의 자리로 향한다.

교실을 교실답게

경쟁보다 공존을 교육의 핵심은 창의성
학력만큼 인성을 행정보다 철학을

초판 1쇄 발행 2026년 1월 14일

지은이 김한수
펴낸이 김현종
기획총괄 배소라 **출판본부장** 안형태
편집 최세정 진용주 김수진 장진경
디자인 이미경 **마케팅** 김예리 신잉걸
방송사업·미래전략본부 정태준 문상철 이주리 백범선 남궁주철

펴낸곳 (주)메디치미디어
출판등록 2008년 8월 20일 제300 – 2008 – 76호
주소 서울특별시 중구 중림로7길 4
전화 02-735-3308 **팩스** 02-73 -3309
이메일 medici@medicimedia.co.kr **홈페이지** medicimedia.co.kr
페이스북 medicimedia **인스타그램** medicimedia
유튜브 medici_media

© 김한수, 2026
ISBN 979-11-5706-521-9 (03370)